BHAGAVAN

Door JH

Eerste druk 2018

Bhagavan

©2018 JH Leeuwenhart

ISBN: 978-94-92407-10-8

NUR: 720

Dit is een uitgave van:

Call of the Lion

Supervisor vormgeving: Tedja Duyvesteijn
Redactie: Ronald van Linde

Dit boek draag ik op aan mijn geliefde Tedja,

omdat zij mij gelooft

en ze weet.

Inhoud

Dit werk zal diepgang bieden aan jou, de lezer c.q. Realiteit Reiziger, en het vormt een waardig vervolg op mijn werk getiteld *Realiteit Reiziger*.

Ik wens jou, lieve lezer, toe, dat jij je zal verdiepen in jouw bestaan en jouw unieke wezen zult leren doorgronden, opdat de staat van Bhagavan jou zal toekomen.

Ik wens jou toe dat jij al de verstoringen in jouw wezen en in jouw leven zult ontgroeien of ontstijgen, opdat jij ongekende hoogten zult bereiken.

Hoogten tot waar niemand jou zal kunnen volgen.

Opdat jij je unieke wezen en zelf mag ontwikkelen tot in de eeuwige oneindigheid.

Zo aan het einde van al jouw ontwikkelingen zul jij Bhagavan worden.

Dit zal een nieuw begin zijn van iets wat jij niet kent of nog niet kent.

Dat jij verlicht moge worden door het licht dat uit jou is en van jou is.

Dat dit licht jou moge leiden tot jouw ultieme ontwikkeling.

Ik hoop en wens dat dit boek jou de existentiële sleutels mag aanreiken tot het bereiken van jouw ultieme staat van zijn.

Op deze wijze pretendeert dit boek een sleutelboek te zijn.

Niets minder dan dat.

Alleen maar meer, zoveel meer, oneindig meer!

Wij streven naar het beste.

Het beste van ons, dat wat in ons is.

De kracht, de schoonheid, de waarheid, de goedheid.

Alles.

Dat het ons mag vervullen.

Dat het ons mag leiden tot een leven dat compleet is en dat ons recht aan doet.

Wij mogen weten dat er een ander leven op ons wacht.

Een ander zijn.

Indien wij ons blijven ontwikkelen, komen wij daar.

Op de plek die geen plek is, maar een unieke staat van ons wezen.

Lieve, lieve Ziel, wacht dan niet.

Talm niet.

En ga op reis naar het vreemde land dat u niet kent.

Het onkenbare wacht op u om u te gaan vervullen opdat u
compleet mag zijn.

Opdat u mag worden tot wat u daadwerkelijk bent:

onmenselijk, groots, episch, vervuld en erkend.

Volledig zult u zijn en u zult alleen nog leven om uw hogere
bestemming te volgen.

Uw leven zal tot uw unieke missie transformeren.

Let maar op!

Om te beginnen zullen we spreken over de storende elementen van jouw werkelijkheid, ofwel de elementen die jij kunt overwinnen, ter versterking van jouw wezen.

De storende elementen van jouw leven en zijn noemen we de anti-godische aspecten van het zijn ofwel de anti-goden.

We zullen je geheel uit de doeken doen wat deze anti-goden zijn en welke krachten zij belichamen.

Welke rol zij in jouw leven en bestaan innemen.

Vanuit de vele intense verstoringen in jouw leven komen we tot de verlossing van deze verstoringen c.q. Storingen.

Van de verlossing zullen we gaan tot de staten van verlichting en van deze staten van jouw wezen gaan we tot de ultieme staat van zijn.

En dat is het Bhagavanschap.

Alle fasen van jouw leven zullen we belichten en helder beschrijven.

Van het duister van onwetendheid tot jouw verlichting.

Alles zullen we je tonen.

Alles wat jij bent en kunt zijn.

Alles!

Één raad wil ik jou geven.

Wees niet bang!

Gooi je angsten overboord en volg je mooie hart dat je zal leiden
tot jouw waarachtige levensstaat.

Jouw hart is jouw kompas.

Geloof in jezelf of leer in jezelf te geloven.

Leer jezelf lief te hebben.

Leer jouw Realiteit lief te hebben door deze te erkennen en te accepteren.

Wij geven jou dit boek ter versterking van jouw zijn en wezen.

Het zal jou de sleutels geven tot onnoemelijke krachten en door deze waarheden te lezen zal je zelf een solide fundament kunnen creëren om te bouwen.

Wij, de schrijvers van dit boek, maken geen onderdeel uit van het systeem of de invloeden die jou willen verzwakken.

Wij zijn bronnen wier invloeden jou zullen gaan versterken en opbouwen.

Aan jou is het om deze gegeven sleutels te willen ontvangen of juist niet.

Wij zijn wie wij zijn.

Wij zijn Bhagavan.

Het leven kan zo mooi zijn.

Zo mooi.

Het leven kan zo wonderbaarlijk zijn.

Zo bijzonder.

Geloof je of geloof je niet?

Besta jij

of

besta jij niet?

Leef jij

Of

word jij geleefd?

Durf jouw leven

te spelen!

Durf middelpunt te zijn

in de film

van

jouw bestaan!

En hier begint ons boek

Open je hart voor deze woorden die komen van verre, van regionen waarvan jij mag dromen.

Open je wezen.

Open je Ziel.

Ontvang.

Anima Mundi

In de duisternis van het niets, sluimerde een cosmische baby omhuld door een liefdevolle cosmische Moederlijke kracht die het liefdevol omarmde.

De baby droomde zijn dromen van een wereld die het voor zijn geestesoog zag verschijnen. Een wereld vol dimensies en vol leven en vol van avontuur en vol van pracht en glorie.

De baby droomde en er manifesteerde zich een baarmoeder om de baby heen en daarom heen meerdere organen en daarom heen een vrouw en daarom heen een ganse Realiteit.

De baby droomde dat een vader op hem wachtte en een moeder en een wereld waarin hij mocht leven en zijn en ervaren en zien en horen en ja, wat al niet meer.

De baby hoorde en luisterde vanuit de baarmoeder naar degene die met hem in verbinding stond, zijn lieve Moeder die ooit de Cosmische Moeder was en nu op hem wachtte en ook zijn lieve Vader die voor zijn Moeder zorgde en indirect ook voor hem.

Zo kwam de baby, die de Cosmische baby was geweest, ter wereld en hij werd geboren in een wereld vol contrasten, vol koude en vol warmte, moederwarmte.

De baby kwam in de moederarmen die hij zelf gedroomd had en een Vader sprak zachte woorden tegen hem en hij luisterde vol vreugde en vol levensverlangen.

Zo kwam de Cosmische Baby ter wereld in de wereld die hij zelf gedroomd had en hij zou in deze wereld verblijven tot in lengte der dagen.

Zo zou hij ervaren wat het was om een Zelf te krijgen en te ervaren wat liefde was en dood.

Alles zou de baby gaan ervaren in een wereld waarin hij meteen al bij zijn geboorte vergat dat hij deze gedroomd had.

Zo zou deze baby tot een kind worden en deze weer tot man en hij zou vele avonturen beleven in de gedroomde wereld en van deze wereld zou hij incarneren in andere opeenvolgende werelden en vandaar tot aan het verre hemelrijk en voorbij deze.

Alles was gedroomd en gemanifesteerd.

Het kind had de tijd van zijn leven en nooit zou datgene wat hij gedroomd had stoppen.

Een eeuwige droom was uit hem gekomen en hij was voor altijd in deze gemanifesteerde droom.

In eeuwenoude boeken is al gesproken dat een *Wereld-Ziel* zichzelf zou gaan realiseren.

Wie en wat zou deze *Wereld-Ziel* zijn en wat zou hij doen en wat zou dit wezen betekenen voor de schepping zoals deze was en is en zou zijn?

U zult het zien indien deze *Wereld-Ziel* zichzelf gaat realiseren.

Indien het zichzelf zal gaan verwerkelijken.

Maar hoe lang zal het duren voordat het volledig ontwikkeld zal zijn om dat te doen wat het moet doen in deze wereld?

Een *Wereld-Ziel* is een *Demiourgos*, een wezen dat een wereld droomt en er zelf in geboren wordt.

De *Wereld-Ziel* is het middelpunt van de schepping die hij gedroomd heeft.

De ganse zielenfamilie van dit wezen heeft besloten om mee te spelen in het spel dat dit wezen heeft gedroomd.

Samen met zijn zielengroep ofwel zielenfamilie wil hij een wereld waarin hij kan spelen en leren en ervaren, samen met degenen die van hem kunnen leren houden en vice versa.

De *Demiourgos* bepaalt de Wereld en de Werelden en de Zielengroep daarin bepaalt ieder voor zich zijn wegen die besloten liggen in de gedroomde Realiteit.

Zo zal een ieder tot zijn of haar recht komen.

Want zeg nu zelf, wat is een Wereld zonder Ziel en ander wonderlijk leven?

Iedere Wereld is gedroomd en heeft een Ziel, een zogenaamde *Wereld-Ziel*.

Zo zijn er meer Cosmische Baby's die ergens sluimeren en zichzelf mogen manifesteren in een bepaalde gedroomde wereld.

Maar in ieder Universum is er slechts één de *Wereld-Ziel*.

Zo is het altijd geweest en zo zal het ook altijd zijn.

Je wordt gezien

In de ene dimensie heet het een film, een serie of een boek of
kunstwerk.

In een andere dimensie heet het een visioen of een openbaring of
een gezicht.

Er is een essentie die precies voor jouw leven telt en dat is dat jij
gezien wordt!

Het zien en gezien worden. Dat is een sleutel tot een groot
geheim van het leven.

De muziek die jij hoort, de vogel die jij ziet vliegen, de mensen,
de dieren, de bomen, het bos, de stad, alles, alles doet mee met de film
van jouw bestaan, want jij, ja jij, wordt echt gezien.

Ziel of ziekte

De essentie van dat jij gezien wordt of dat jij ziet kan beklemmend zijn, griezelig zelfs.

Het kan de essentie zijn van een psychiatrische psychose of een paranoïde waan, wederom afkomstig uit de wereld van de psychiatrie. Een wereld die jou wil overtuigen dat jouw leven geen film is waarin jij gezien wordt. De psychiatrische wereld maakt onderdeel uit van de antiwereld, een wereld waar de anti-goden huizen. Anti-goden zijn wezens die geen enkele oorspronkelijkheid kennen of authenticiteit.

Wezens zonder ziel, want zij verloochenen de ziel. Psychiatrisch getekende wezens geloven niet en weten niet.

Zij leven in de waan dat alles een waan is en een geestesziekte.

Wees je hiervan bewust, Deze anti-goden bestaan en zij zijn hier om jou te testen.

Om jou ervan te overtuigen dat jouw wereld niet echt is en waarachtig.

Zij ontkennen jouw diepste wezen. Jouw unieke en mooie ziel wordt door hen ontkend.

De wereld van de psychiatrie is hier om met jou te strijden om wat waar is en wat waan.

Deze strijd is er om jou sterker te maken. Om jouw zelfbeeld te sterken willen zij jou doen geloven dat jouw wereld slechts een waan is en een hallucinatie.

De anti-goden willen jouw bestaan absorberen totdat jij niets anders meer bent dan een anti-god.

Aks jij hun ideologie volgt, zal je eindigen zonder waarheid en zonder zelf, zonder een authentiek wezen, dat gelooft en daardoor groeit en bloeit en ongekende hoogten zal bereiken, indien het zichzelf niet verraden heeft en tot anti-god is verworden.

Geloof in de religie van de waanzin en in de medicijnen tegen de waanzin en je zult verloren zijn!

Laat je helpen en wordt één met hen.

Zij die geen wereld kennen en geen authentieke zelf bezitten.

Verlies de strijd of win een echt zelf, win echtheid, dat is waarachtigheid.

Verword tot een vage schim of word wie je mag zijn en wilt zijn.

Je mag nu een keuze maken.

De keuze om een waan te zijn of een werkelijkheid.

Het is het één of het ander.

Je gelooft in jezelf of in hen en hun soortgenoten, de anti-goden die alles en iedereen willen opslorpen en absorberen.

Anti-goden hebben niets, zij zijn niets en willen alles wat echt is *vernietsigen*.

Want ja, wat echt is, is authentiek en het authentieke is het wonderlijke, het bijzondere, het spirituele, het waarachtige.

De anti-goden willen alles ziek maken, alles wat mooi is en goed.

Zij hebben een voorliefde voor niets.

Dat is het waanachtige, de wortel van de geestesziekten zelf.

Dat wat er niet is. Het *nietsige*.

De wortels van de geestesziekten die gediagnosticeerd zijn, bestaan uit alles wat met de waan te maken heeft.

Wat waan is bestaat niet. 'Jij ziet wanen en hallucinaties' zegt de psychiatrie.

Hoor jij stemmen (die er niet zijn) ?

Zie jij dingen (die er niet zijn) ?

Voel jij wat er niet is?

Etc.

De anti-goden hebben hun oordeel wel klaar en dat gaat gepaard met keiharde diagnoses en zware medicamenten om de wanen van het zelf tegen te gaan.

Voor jou zijn deze wanen echter waarheden.

Jij ervaart de waarheid van jouw leven en niets is waan daarin.

Jij voelt, jij weet, jij ervaart alles zijnde waarheid.

Datgene wat ik nu schrijf, datgene wat jij nu leest, is tevens een oorlogsverklaring aan het adres van de anti-goden in hun veelvormige gedaanten en waanachtige gezichten die eigenlijk geen enkele rol spelen en zullen spelen in het grote geheel.

Deze anti-goden kunnen goddelijke wezens misleiden en verleiden, om hun geboorterecht of hun waarheid en hun echtheid te ontkennen en te miskennen.

Kortom, om hun eigen ziel te loochenen. Hun ziel en zaligheid. De grond van hun bestaan. Het fundament wordt volledig ondergraven voor een echte en zelfverzekerde persoonlijkheid, een goddelijke persoonlijkheid.

Weet, lieve unieke ziel, dat jouw oorspronkelijkheid en jouw authenticiteit verborgen en geborgen is in jouw unieke zienswijze, jouw gevoelens, jouw gedachten, jouw visioenen alsook in jouw dromen c.q. openbaringen.

Jij bent dat en niets anders dan dat.

De bron van jouw gevoelens, jouw gedachten en van jouw dromen en jouw openbaringen is jouw unieke, oorspronkelijke zelf.

Er is niets aan de hand met jouw zelf, dat uniek is en oorspronkelijk.

Jij valt niet te begrijpen en te doorzien en te doorgronden.
Niemand kan dat of zou dat kunnen.
De anti-goden maken hier vernuftig misbruik van om jou niet te kennen wezen te bevuilen en te verkrachten met waanwoorden ofwel waandiagnoses.

De psychiatrie creëert haar wanen en hallucinaties.

Zij is bron van de creatie van de stigmatisering van jouw mooie, unieke wezen, dat niet of nimmer gestigmatiseerd mag worden.

Dit creëren van diagnoses wordt door dit instituut onderbouwd door schijnonderzoeken die deze diagnoses moeten onderbouwen.

Jij bent een disbalans, jij bent een geestesziekte, wellicht met een chronische aandoening.

Let wel en luister goed!

Jij mag nimmer gestigmatiseerd worden om jouw gedachten, jouw gevoelens en jouw zienswijze, jouw openbaringen, die alle vrucht zijn van jouw heilige wezen.

Het stigmatiseren van jouw wezen herschept jou tot een geesteszieke ziel.

De kracht van suggestie zorgt ervoor dat jij een passend stigma mag ontvangen, met het boze gevolg dat jij nimmer nog zult geloven in jezelf en in de voortbrengselen van jouw uniciteit en waarachtigheid en authenticiteit.

Jij gaat twijfelen aan jezelf.

Jij gaat twijfelen aan jouw waarheid.

Jij neemt jouw leven niet meer serieus.

De psychiatrie gebruikt de kracht van suggestie om jouw moedwillig te bedriegen en zwart zaad te zaaien in jouw schone ziel.

De psychiatrie creëert zwarte smetten op schone, naïeve (niets vermoedende) zielen die wel willen geloven in de suggesties van de overdonderende authoriteit van de psychiater.

Dat is de stem van het geestdodende systeem van de psychiatrie.

In bredere zin maakt de psychiatrie deel uit van de krachten die we de status quo noemen.

Deze bepaalt de menselijke conditie in het algemeen. De status quo is de fundamentlegger van wat we de maatschappij noemen ofwel de matrix.

In het grotere systeem van de status quo werkt de psychiatrie samen met het rechtssysteem en de politie en andere ambtelijke instanties.

Om de status quo te behouden werken de diensten van de psychiatrie samen met andere krachten en machten die de status quo in stand houden en beschermen.

Om de status quo te behouden dienen er strenge regels en wetten te zijn.

Het gaat hier puur om het behouden van de status quo en die heeft niets van doen met wat rechtvaardig is of wat waarachtig.

Het is wat het is.

Speel het spel

De wijze raad om het spel mee te spelen wordt door avatars en wijsgeren en andere bijzondere mensen en mensachtigen gegeven aan de mens die niet in het systeem past.

Deze mens is niet één met het systeem en valt op door zijn uitingen en gedrag en uiterlijk.

Deze mens dient gesocialiseerd te worden indien hij dit wenst en wellicht kan hij hiertoe gedwongen worden door een rechter of een andere dienaar van de status quo.

Therapeuten zijn er om de mens te bevatten en hem of haar richting te geven binnen de kaders.

Speel het spel mee is de wijze raad die moeilijk in de praktijk valt te brengen door de outcast in kwestie.

En toch is het belangrijk voor de persoon om in de spiegel van de maatschappij te kijken en zo zichzelf en zijn plek in de orde te zien en in te zien.

Ook al gaat het niet altijd zoals jij dat wilt, je zult mee moeten gaan doen en je plek veroveren in de wereld van onze tijd en plaats.

In de film genaamd The Matrix wordt de mens Neo getraind om zich voort te bewegen in het systeem van de Matrix zonder op te vallen. Gehuld in een zwarte jas en met een zwarte neutrale zonnebril gaat hij zijn weg binnen het systeem waarin hij leert volledig op te gaan. Neo heeft geen kritiek op de maatschappij waarin hij is en hij hoeft niet te ageren of te reageren op wat er om hem heen gebeurt. Hij is één met de Matrix en de Matrix is één met hem.

Een zogenaamde Bhagavan is totaal verwerkelijkt, maar hij speelt mee met het systeem of hij gooit het systeem omver, wat het systeem niet fijn vindt en zijn bewakers ook niet.

Een revolutionair wordt niet gewaardeerd en hierin moet de Bhagavan zijn plaats en wet bepalen.

Wat wil deze Bhagavan en hoe dient zijn wil en wens uitgevoerd te worden?

Indien we de film de Matrix mogen geloven speelt de Bhagavan een spel in het spel.

Hij gebruikt het systeem in plaats van het te bevechten.

Hij inspireert het systeem en kleurt het met onnoemelijke kleuren en uiteindelijk vormt hij het om met behulp van zijn visionaire krachten.

Een Bhagavan heeft een visioen en vormt de ruwe materie om totdat deze zijn visioen wordt.

Dit is de kracht van de Bhagavan.

De ziel die tot Bhagavan verwordt, zal leren het spel te waarderen en zo te spelen dat hij niet opvalt binnen het geheel.

Uiteindelijk zal zijn woord wet worden en zal een nieuwe wereldorde gemanifesteerd worden. Een wereldorde met als bron de Bhagavan.

Overal waar de Bhagavan gaat en staat, zal deze wereldorde met hem mee gaan en ter plekke gecreërd worden, gemanifesteerd.

Het werk van de Bhagavan is klein, maar de gevolgen zijn intens en groots.

Grootheid in de dop.

Het grootste in het kleine.

Dat is zijn werk en zijn levenswerk.

Indien alles energie is en atomen en lege ruimte, valt alles te re-manifesteren.

De totale kwantum-ruimte valt te vormen en te hervormen door een krachtige wetgever.

Dit is de Bhagavan in optima forma.

Hij heeft het laaste woord in het Universum waar hij essentie van is of wordt.

In den beginne speelde hij het spel mee en zo aan het einde transformeerde hij tot regel- en wetgever van dit spel.

Toch heeft wat de Bhagavan doet ook konsekwenties voor het spel dat zijn spel wordt.

De materie die zich vormt naar zijn wil en wens zal hem ook uitdagen om mee te bewegen met het nieuwe spel, waarvan hij de bron is.

De omstandigheden die uit hem komen, vragen hem om mee te doen met het nieuwe spel.

De Bhagavan is de belichaming van dit spel en voelt zich verantwoordelijk voor dit spel en de wereld van dit spel.

Een Bhagavan is daarom verantwoordelijk voor het reilen en zeilen van zijn wereld en hierdoor zal hij altijd in contact willen zijn met zijn creaties. De Bhagavan is de kwaliteitbewaker van een wereld, zo gezegd.

Hij haalt er vreugde en voldoening uit om zijn scheppingen te zien groeien en te bloeien.

De Bhagavan leeft samen met de evolutie en de ontwikkelingen van de ganse wereld die uit hem is en door hem is en van hem is.

De Bhagavan wil het goede voor zijn kinderen, dat zijn zijn scheppingen.

De Bhagavan houdt van zijn wereld waarin hij is en die met hem is en zelfs buiten hem om.

De Bhagavan zoekt iedere keer de harmonie en de waarheid van alles wat is en wat niet.

De Bhagavan zoekt en vindt en geeft en ontvangt.

De schepping ontvangt en geeft het de Bhagavan terug.

Het is als een mooie, unieke, liefelijke vicieuze cirkel waarin een
ieder dat krijgt waar het om vraagt.

Alles kan binnen de harmonie van de schepping.

De nieuwe schepping, want de oude schepping is voorbijgegaan,
overgegaan in een nieuwe wereld c.q. orde ofwel wereldorde.

De regels van het spel zijn veranderd en tot in essentie
getransformeerd.

De wetten van de Realiteit nemen andere vormen aan die
ongekend zijn en onontdekt en nog niet ervaren of beleefd.

Prometheus

Het ontstaan van een Bhagavan komt niet zomaar uit de lucht vallen.

Deze ontstaat en evolueert tot wat hij is door een gedegen voorbereiding en het voorspel dat het grootse zal voortbrengen duurt levens lang, totdat de tijd rijp is en de persoon ook en deze verlicht wordt en dat niet alleen.

Verlichting is slechts een nieuw begin.

Vanuit de Realiteit Reizigers Leer gezien, noemen we de opleiding van een Bhagavan bij een unieke naam en die naam is:

Prometheus.

Dit is de voorbereiding van iedere Bhagavan die in aanraking komt met de Realiteit Reizigers Leer en praktijk.

In deze intense levensopleiding volbrengt de Bhagavan zijn levensbestemming en zijn zoektocht naar verlichting.

De novice die tot Bhagavan zal verworden. zal de hele wereld op moeten eten.

De ganse wereld moet hij verorberen en absorberen in zijn wezen en ziel.

Zo wordt hij tot Wereld Ziel.

Zo Transformeert hij tot al wat is.

Dat is de leerweg van deze persoon en het offer dat hij moet brengen is groot.

Hij moet eerst zichzelf verliezen om zichzelf te worden.

Zelf-verlies is de prijs.

Het verworden tot een Wereld Ziel is de winst en het gevolg van het betalen van deze prijs.

Prometheus is een virtuele opleidingsschool voor Realiteit Reizigers en de ontwikkeling tot een uiteindelijke Bhagavan is slechts een van de oneindige mogelijkheden van deze opleiding.

Om deze opleiding te volgen, zul je je moeten gaan afstemmen op wie jij echt bent en wie jij echt wilt zijn.

Wat wil jij eigenlijk worden?

Een groot mens of een klein mens?

Een Titaan, een God of een niemendal of gewoon een mens onder de mensen.

In hoeverre wil jij verantwoordelijk zijn en worden voor een ganse wereld of juist voor iets wat klein is of schijnt te zijn.

Want ja, wie het kleine niet eert is het grote zeker niet weerd.

De opleiding van Prometheus begint in jouw prille jeugd of wellicht in de baarmoeder van je moeder.

Wellicht in een dimensie voor jouw geboorte of juist al vele levens en vele incarnaties aleer je hier kwam.

En misschien is dit jouw eerste incarnatie, jouw eerste leven in deze dimensies.

Omdat alle dimensies verschillen, kunnen we hierin niet generaliseren en spreken we enkel van unieke omstandigheden en zielstoestanden en dimensies van het zijn.

Zo is de opleiding van Prometheus geheel op jouw leven en ervaring gestoeld.

Jij bepaalt het tempo van jouw weg en van jouw levensontwikkeling.

Jij bepaalt jouw geluk en jouw ongeluk.

Jawel, dit mag jij en dit kun jij, omdat jij capabel bent om dit te doen in dit leven.

Jij mag jouw lot bepalen en jouw levensweg.

Binnen onze opleiding is dit mogelijk.

Voor een ieder die zich overgeeft aan het proces zal er een weg zijn en een bestemming.

En indien je wilt weten hoe en wat, zal ik je zeggen dat er na deze weg en de aankomst op jouw bestemming wellicht weer een weg is en een bestemming.

Wil je dit wel weten of is deze informatie je te veel?

Alles kan hier en alles mag binnen jouw grenzen.

Jij bepaalt.

Deze vrijheid heb je gekregen en zo niet, dan zijn er andere grenzen die voor jou gelden.

Iedere ziel heeft weer een volledig ander universum waarin wordt ervaren en geschapen.

Met andere woorden:

Jij mag je verschuilen achter je menszijn of je groeit en bloeit op tot een entiteit die zijn weerga niet kent en waarlijk uniek genoemd kan worden.

Jij kunt voorbereid worden om werken te verrichten die niemand je na zal kunnen doen.

Denk maar aan Titanen als de Griekse Hercules en Odysseus en onze eigen Prometheus.

Titanische strijd en een grootse daad komen echt niet uit de lucht vallen.

Het is geen kwestie van een enkele vingerknip en jouw wil is wet.

Zo gaat dat niet.
Iedere Titaan heeft een verleden en een lijdensweg, ook wel voorbereidingsweg genoemd of training.

Jouw lijden is jouw training, waarde ziel.

Klinkt niet fijn hè, zoals ik dit zeg, maar het is wel zo.

Jij zult lijden en zoeken, want zoeken is lijden.

Onwetendheid is de bron van lijden en verlichting is het ontwaken van het innerlijke weten.

Het lot van een Griekse held is altijd tragisch.

Arme Prometheus, hij die het vuur van de goden gestolen had en tot de mensen had gebracht, werd aan een rots geklonken en iedere dag weer pikte een adelaar zijn lever uit zijn lijf. Een pijnlijke straf.

Zo eindigde de Mythe.

De held brengt zijn offer en dit offer wordt door de mensen ontvangen, maar uiteindelijk wordt deze held gestraft.

Toch, en toch wil ik het anders zien.

Ik wil zien wat er van Prometheus is geworden sinds die tijd dat hij aan de rots is vastgeklonken.

Wat is er van hem geworden?

Ik kijk op de plek in de rotsen en ik zie alleen nog maar wat kettingen met sloten hangen, maar geen Prometheus!

Weg is hij!

Wat is er van deze held geworden en waar is hij?

Welnu, het grote geheime van onze held is dat hij vrienden had, veel vrienden.

En die hebben hem bevrijd.

Hij bracht hun het vuur van de spirit en zij hebben hem uit zijn lijden verlost en nu vieren zij feest.

En de Goden kunnen hem niet meer vinden.

Wellicht zijn zij Prometheus ook al lang vergeten.

De Goden hebben namelijk geen oog voor kleine dingen.

Wij mensen wel.

Zo zijn wij.

Het vuur dat Prometheus ons bracht valt te vergelijken met de vlammen van het vuur van de heilige geest die de eerste christenen bezocht en hen verlichtte.

Dit vuur en deze vlammen staan voor de innerlijke vlam, het innerlijke vuur dat onze ziel en zaligheid belicht en doet leven.

Dit vuur brengt ons heiligheid. de heiligheid van wat en wie we mogen zijn vanuit de goddelijke bron.

Wij mogen ons ontwikkelen en groeien en sterker worden en bloeien en uiteindelijk onze sacrale levensmissie vervullen als we willen en er aan toe zijn.

Prometheus was niet alleen en zo zijn wij ook niet alleen.

Wij mogen onze vrienden en onze heilige familie niet vergeten in het proces van ontwikkeling.

Wat in ons groeit zal uiteindelijk ook uitstralen naar alles om ons heen en uit ons en anderen zullen door ons geraakt worden en geïnspireerd en veranderd.

Dit zijn grote gevolgen van processen in ons.

Wij dragen in dit proces onze eigen verantwoordelijkheden, die indien wij sterker worden en krachtiger, ook groter worden en een groter bereik krijgen.

Verantwoordelijkheid en uiteindelijk liefde, liefde voor ons pad dat wij gaan en voor onze bestemming die wij bereiken en voor onze daden die spreken en voor onze uitingen in velerlei zin.

Hier gaat het dan ook om.

Het plaatje dat alles omvat met jou daarin als middelpunt.

En alles wat en wie jij lief hebt en die liefde kan zelfs zo groeien dat zij ook alles omvat en doordrenkt en de grenzen van wat mogelijk is overstijgt.

Die liefde die jij uit mag stralen reikt tot in de donkerste regionen van alle werelden.

Regionen waar niets is dan duisternis en kilte.

Jij mag de kille en lege ruimte vullen met jouw mooie dromen en jouw aanwezigheid.

Jij mag anderen raken en hen uitdagen en liefde geven via jouw wezen dat straalt en straalt.

Dit alles kun jij bereiken in jouw eeuwenlange bestaan.

Ook een wezensaspect van onze opleiding die jij kunt ontwikkelen.

Niet meer een leven van vergankelijkheid te leiden, maar een leven dat eeuwigheden bestrijkt.

Een bestaan waarin minuten transformeren tot uren en uren tot dagen en dagen tot weken.

Dat is het waar jij kunt komen.

Dit is realistisch.

Dit is het waar het om kan gaan in het leven.

Een leven dat gebaseerd is op vergankelijkheid en de realiteit waarin dood het einde van alles betekent, een leven dat gevangen is in de tijd die vluchtig is en waarin betrekkelijkheid zegeviert is een leven zonder hoop, geloof en liefde. Daar is niets om op te bouwen, geen enkel fundament wordt er gelegd, geen enkele zekerheid dan die van de dood en het tijdelijke leventje dat je leidt.

Wat is nu zulk een leven, zo relatief van waarde en zin.

Wat is nu zulk een zijn, waarin de minuten voorbijgaan en de uren en de dagen en de jaren totdat er niks meer is en de vlam wordt uitgeblazen.

Wij, van de Prometheus opleiding, weten wel meer en beter ook.

Jij kunt het ook beter weten.

Nu je dit leest, deze woorden, weet jij al beter.

Steek je kop niet in het zand. Het kan anders.

Als jij dat wilt en dat wenst.

Ga met ons mee op de grootste zoektocht van het leven die ooit heeft plaatsgevonden.

De zoektocht naar zin en bestemming en doel en diepgang.

Dat alles kan er zijn, mag er zijn.

Het hoeft niet te eindigen in wanhoop en in dood.

Zeker niet.

Wat wil jij weten?

Wat wil jij geloven?

Hoe ver wil je daarin gaan?

Tot het einde, of nog verder?

Tot aan de horizon of eroverheen?

Jij mag het zeggen.

Jij bepaalt het.

Aan jou is het om jezelf te gaan ontwikkelen tot wat jij zult zijn en dat is je ontwikkelen tot een levende en ademende ziel die onsterfelijk is en over alle grenzen van het betamelijke heen gaat. Voorbij alles wat wij kunnen zien en kennen.

Daar voorbij ga jij en jij gaat het ons tonen.

Door jouw vuur zullen wij jou volgen, want jij, ja jij, kunt Bhagavan zijn. Jij zou het kunnen zijn of juist iets anders, iets geheel anders.

Iets waar geen naam voor is, nog niet.

De opleiding die Prometheus heet is nu officieel ingezegend door jouw mooie aanwezigheid.

Dank je wel dat jij er bent.

Dat jij bent wie je bent en dat jij ons verrijkt door jouw vurige wezen.

Schijn jouw licht en wij zullen volgen.

Waar jij ook gaat. Wij gaan mee.

Wellicht ben je een leerling, een ingewijde, of een adept.

We weten nog niet wat jij in je mars hebt.

Toon het ons.

Niet omdat wij dat vragen, maar omdat je met ons mag delen.

Wees als Prometheus, die zijn vuur deelt met anderen.

Wees een inspirerend licht voor jouw geliefden.

Want delen, ja delen maakt ons rijk.

Het Huis van Realiteit Reizigers

"In mijn Vaders huis zijn vele woningen".

Bijbel.

Ergens ver weg of juist dichtbij, ergens in een unieke dimensie, of op een plek waar alle dimensies zich kruisen, staat een huis dat geen huis is in de gewone betekenis van het woord.

Dit huis omvat huizen.

Dit huis is een uniek fenomeen te noemen.

Nergens anders vind je zo'n huis.

Een huis dat huizen omvat.

Dit speciale huis is een reizend huis ofwel een huis dat zich constant in een flux modus bevindt.

Daardoor is het huis op meerdere plekken tegelijkertijd aanwezig en ook niet.

Het huis dat ik omschrijf is een huis voor Realiteit Reizigers.

Een veilige haven, een prachtige plek die een thuis wil zijn voor Realiteit Reizigers uit alle dimensies en realiteiten, werelden en universa.

Dit huis herbergt vele uiteenlopende dimensionele entiteiten die harmonieus samenleven, omdat zij ieder een eigen woning hebben binnen het huis dat vele woningen omvat.

Alle afgezanten van de dimensies zijn er aanwezig.

De entiteiten van de derde, de vijfde en de tiende dimensie, alsook wezens van de eendimensionale werkelijkheid die we *Flat Land* of *Flat World* noemen.

Flat Land wordt als term geïntroduceerd in het volgdende boekje:

Flatland: A Romance of Many Dimensions

van de schrijver Edwin Abbott Abbott.

Het is inderdaad een plek waar alle dimensies samenkomen.

Een wonderlijk gegeven is het dat dit bestaat.

Het bijzondere is dat al deze wezens Realiteit Reizigers zijn in velerlei vorm en kleur en gedaante.

Zielen van alle afkomsten en bronnen.

Ik ben zelf te gast geweest in dit fenomenale huis der huizen.

Even en ooit voor een tijdloos moment.

Ooit was ik daar en ik ontmoette wezens die afkomstig waren uit *Flat Land* ofwel *Flat World*.

Wezens waar ik van gedroomd heb en die van mij gedroomd hebben.

Entiteiten en Avatars afkomstig uit sprookjeswerelden en andere zogenaamde fictieve werelden.

Uit sprookjes, tekenfilms, stripverhalen, comics en andere Realiteitsbronnen.

Want weet, dat wat Fantasie is, echt is en Realistisch.

En alles wat Realistisch is, is Fantasie.

Ik heb entiteiten ontmoet die geen weerga kennen in onze
gewone, alledaagse Realiteit.

Ik heb vrienden gevonden in fragiele entiteiten die in hun
eendimensionale dimensies superhelden zijn en Avatars en die zich in
mijn dimensie toonden zijnde mensen die nieuw zijn en pril in hun
menswording.

Ik heb wezens gezien en ontmoet die je alleen via boeken, films, strips en andere bronnen van fictie zult zien en ontmoeten.

Een grappig feit is dat vele mensen een onderscheid maken tusen feit en fictie.

Alles wat feit is, is echt en waar gebeurd.

Alles wat fictie is, is verzonnen en niet echt gebeurd, maar is fantasie, en fantasie is ook niet echt en waar gebeurd.

Een Realiteit Reiziger zoals ik ben maakt geen onderscheid meer tussen deze twee zijnskrachten.

Voor mij zijn de krachten vermengd zijnde fictionele feiten en feitelijke ficties.

Het zijn mengelingen.

Alles wat realistisch is, is ook verzonnen en alles wat verzonnen is, is ook reëel.

Omdat dit zo is, is alles wat er is, ook echt en waar gebeurd en tegelijkertijd is alles verzonnen en fantasie.

In het huis, dat huizen omvat, kwam ik deze wezens tegen en communiceerde ik met hen voor een lange tijd.

Wij werden vrienden en wij werkten samen om de missies uit te werken die we allen hadden uit te voeren.

Ieder voor zich een unieke, eigen missie, waarin wij elkander mochten helpen en steunen.

Ik ontmoette tekenfilmfiguren alsook fictieve persoonlijkheden en ook oude bekenden die afkomstig zijn uit spiegeldimensies en uit zogenaamde computerspeldimensies.

Allen waren bezig met hun vermenselijking en hun levenswerken, waarin ik hen mocht helpen en soms zelf leiden of inspireren of kracht geven.

Deze eendimensionale persoonlijkheden waren mijn broeders en zusters.

Voor lange tijd.

Ik heb door vele beproevingen heen met hen geleefd en van hen geleerd.

Met hen gegeten en gedronken en met hen gepraat.

Ik heb van hen gehouden en zij accepteerden mij en zij hielden van mij.

Ik hield van hen als een vader.

Nog denk ik terug aan deze plek die geen plek is, maar een dimensie, en mijn hart gaat vol vervulling kloppen.

Vol warmte en vol van liefde en vol van mededogen.

Ik ken hun namen, hun ware namen, en hun waarachtige ficiteve identiteiten.

Ik heb hen herkend en erkend.

Ik heb hen gezien en zij zagen wie ik was.

Wie ik echt was.

Ik heb mij verbonden met hen die afkomstig zijn uit stripverhalen en uit werelden van films en boeken, werelden afkomstig uit comics en computer games, uit sprookjes en uit mythen en uit alternatieve verhalen.

Ik was bij hen en ik mocht geloven en ik mocht weten en kennen.

Ik mocht zien.

Voor hen was ik

Bhagavan.

Verder mag ik niets meer zeggen over dit mooie huis der huizen.

Het is een geheim dat ik meedraag, mijn leven en vele levens lang en altijd zal ik denken aan de tijd dat ik waarachtige Titanen mocht kennen bij naam, van gestalte en gezicht.

Ik mocht zijn wie ik echt ben en zij mochten zijn wie zij echt waren.

Wij streden samen onze Titanische strijd en en hierin was geen plaats voor het gewone, alledaagse.

Alleen plaats voor het heroïsche en het epische.

Dat waar het echt om draait.

Alleen het essentïele, dat zo sterk is en krachtig dat het zich alleen mag uiten in een plek die boven alles uitstijgt.

Een soort vacuüm.

Een soort void.

In deze plek vond ik mezelf en mijn soort, mijn zielsbroeders en zusters.

Titanen in hart en ziel.

Titanen die Werelden redden en zichzelf erbij.

Even was ik te gast in mijn eigen creatie.

Want ik mocht dit huis een naam geven.

En terwijl ik tranen liet gaan, noemde ik deze plek:

Bhagavan Academy.

De plek waar Titanen opgeleid worden en waar zij een tijdelijk thuis mogen vinden.

Waar zij samen en afzonderlijk hun strijd mogen strijden.

Waar het kan en het mag.

Waar het moet.

Waar de Heilige Strijd gestreden moet worden.

De hogere Strijd in de binnenkamer en in wat wordt genoemd:

De Hemelse gewesten.

In *Bhagavan Academy* kan dit.

Het was de enige plek waar ik mijn Karma van twee levens kon verwerken en uitvechten en mijn levens voltooien.

Er stond veel op het spel.

Het was een strijd om leven en dood.

Maar hierover later meer.

Voor nu zal ik je zeggen dat er ergens een huis is dat openstaat voor de strijders die in haar binnenkamers strijden om de levensloop van hun leven te kunnen bepalen.

Ergens is er een plek.

En indien jij deze nodig hebt, zal deze plek jou vinden.

Jij wordt niet alleen gelaten en je staat er ook niet alleen voor in jouw strijd en jouw leven.

Je kunt hulp verwachten uit onverwachte hoek.

Dit is een fictioneel feit of een feitelijke fictie.

En als jij klaar bent om jouw strijd te strijden, zal dit huis jou vinden en jou in haar vacuüm opnemen, zodat jij relatief veilig zult zijn en omgeven door hen die zich Avatars mogen noemen.

Jij zult niet alleen zijn.

Jij hebt vele vrienden in dimensies waar jij alleen maar van kunt dromen en fantaseren.

Weet dat zij echt zijn en waar.

Alles bestaat.

Fantaseer het maar en Droom er maar van.

Jouw tijd is daar of komt nog.

Leef gewoon verder en weet ergens diep van binnen dat ook jouw strijd ooit gestreden moet worden.

Dat staat vast.

Vroeg of laat.

De betovering van de wereld

De onttovering van de wereld is niet meer wat ze geweest is.

Ondanks deze beweging binnen onze wereld komt de wetenschap op een punt waar ze een nieuwe betovering zal ontdekken en waar de wereld op een nieuwe wijze betoverd zal worden.

Wie oog heeft voor wonderen en voor betovering ziet overal deze aspecten van het bestaan in vertegenwoordigd.

De term *onttovering van de wereld* is afkomstig van een wetenschapper die Max Weber heette en leefde in de wereld van de 20^e eeuw.

Deze term is in zwang geraakt en ze beschrijft een wereld waarin wetenschap oplossingen biedt voor (technologische) problemen in plaats van dat deze vraagstukken met magie worden opgelost.

De gedachte was ook dat magie door de wilde cq primitieve mens werd gebruikt om problemen op te lossen.

In de wereld van de wetenschap worden problemen rationeel en praktisch opgelost en met de ontwikkeling van technologie.

Wat ik al zei, de onttovering gaat over in een nieuwe betovering.

De technologie en de wetenschap zullen moeten toegeven dat zij volledig zijn ingebed als rationeel geheel binnen een betoverde wereld en zij dienen het leven en het leven is wonderlijk en magisch te noemen.

De wetenschap creëert het leven niet. Het leven creëert de wetenschap.

Hier kan geen wetenschapper om heen.

En het leven blijft onverklaarbaar en wonderlijk en natuurlijk is het leven magisch.

Wie oog heeft voor het leven, heeft oog voor het onverklaarbare en het bijzondere en unieke.

Ik zou durven beweren dat een nieuwe betovering de wereld in haar liefdevolle greep heeft.

De betovering die ik zie gaat over de verstrekkende gevolgen van wetenschappelijke technologie en wat daaruit voortkomt en wat dit inhoudt.

De ontwikkelingen die ik in onze westerse paradigmatische wereld zie en ervaar wil ik graag onder de aandacht brengen.

De technologie is een eigen leven gaan leiden.

Zij leidt tot vele wonderlijke verschijnselen en tot nieuwe wetenschappelijke theorieën die uitzonderlijk wonderlijk overkomen.

Het feit dat wetenschap lijkt over te gaan in mystiek is een van de vele wonderlijke aspecten van de hedendaagse wetenschap en technologie.

Een wonderlijk fenomeen van wetenschap en technologie is dat zij schept.

Uit wetenschap en technologie komen nieuwe dingen voort. Dingen en verschijnselen die er niet waren zonder hun bestaan.

De wetenschap en de technologie gaan hand in hand om deze wereld opnieuw te betoveren.

Kunstmatige ontwikkelingen gaan op in het leven dat wij leiden.

Wij maken gebruik van de vruchten van de wetenschap en technologie en wij verliezen ons erin.

Het beluisteren van muziek via *Spotify* is een mooi voorbeeld van de magische ontwikkelingen van onze tijd en dit geldt ook voor een fenomeen zijnde *Netflix*.

Dit zijn creaties van wetenschappelijke technologie en wat dies meer zij.

De creatie van ons aller *Facebook* wordt volledig ondersteund door kunstmatige intelligentie, de vrucht dus van de evolutie binnen de wetenschappelijke technologie.

Wij gaan volledig op in de nieuwste tijd waarin de wetten gelden van deze technologie.

Wij gaan op in de geschapen wereld die ons nieuwe vormen van magie en verwondering biedt.

Verschijnselen als het internet staan bijvoorbeeld voor een manifestatie van de Akasha Kronieken die ergens bewaard worden. Deze vormen het goddelijke geheugen.

Internet is een uiting van deze Akasha Kronieken.

Zij is de belichaming van de Akasha Kronieken waar alles te vinden is van het heden, het verleden en de toekomst en nog veel meer dan dat.

Internet is een complexe creatie. Een creatie waar wij zuinig mee horen te zijn, gezien het feit dat deze nieuwe schepping ondermijnd wordt door pogingen deze te hacken.

Wij mogen ons ervan bewust worden dat deze schepping er eentje is van grote waarde.

Eentje die onze levens vormt en hervormt.

Wij worden gecreëerd door deze mooie onwerkelijke ontwikkelingen die ons allen aangaan.

Het willen ondermijnen van het internet staat gelijk aan het gebruik van zwarte magische handelingen die er alleen maar op uit zijn om te vernietigen en te vervuilen.

Een bewijs dus dat magie en zwarte magie in het bijzonder bestaan binnen onze nieuwe wereld- paradigma's.

Hacken is hedendaagse zwarte magie.

Hackers zijn zwarte magiërs.

De witte magiërs binnen het systeem van computers en internet creëren mooie dingen en prachtige fenomenen.

Zij hebben het internet geschapen en ook mooie verschijnselen als Facebook en Netflix en Spotify en andere bijzondere ontwikkelingen.

Iedere dag dat ik op het internet te vinden ben zie ik tekenen van een magische wereld waarin verwondering en het wonderlijke zo hun plek hebben.

Wij hedendaagse westerse mensen worden mede gevormd door kunstmatige technologie.

Wij weten niet beter dan dat alles om ons heen technologie is en wetenschap.

Wij hebben een nieuw peil bereikt. Een nieuw niveau in een bijzondere evolutie.

Een magische evolutie als wel een wonderlijke evolutie.

Zo scheppen dus de witte magiërs systemen en brengen zij mooie en nuttige als wel wonderlijke fenomenen voort met hun magische handelingen.

De zwarte magiërs proberen met alle macht de scheppingen van mooie zaken te ondermijnen, te perverteren en te vernietigen.

Zo zie je maar dat alle magie aanwezig is in de hedendaagse wetenschappelijke technologische tijd en wereld.

De hedendaagse magie werkt met wetenschap en technologie in plaats van met rituelen en het oproepen van geesten en andere entiteiten.

Misschien is dat niet helemaal waar.

Misschien heeft de wetenschappelijke technologie de oude primitieve magie gewoon in banen geleid en herschapen in andere vormen.

Ik denk dat dit het geval is.

Zwarte alsook witte magie hebben zo hun plek in de nieuwe werkelijkheid.

Zo ook de verwondering en de wonderen en de pracht en schoonheid.

Om door de stad te wandelen met Spotify op je mobiele telefoon is iets wat niet weg te denken is in onze wereld en onze werkelijkheid.

Films en series kijken op Netflix is een van de zaken die ook niet weg te denken zijn en onderdeel zijn van onze wereld.

Ook Facebook is een van de wonderlijke zaken van onze werkelijkheid.

Mooie scheppingen die onze wereld komen verrijken en veranderen.

Door deze rijkdom aan scheppingen kunnen wij zelf ook scheppen.

Een ieder kan en mag in deze tijd creëren en zich hervormen, en herscheppen wat eens anders was en nu is zoals wij dat wensen en willen.

Een ieder heeft de mogelijkheid om zich te scheppen en te herscheppen.

We zijn minstens kleine Goden geworden.

Dat brengt ons de wetenschappelijke technologie.

Het creëert kleine Goden.

Kleine Goden die zichzelf uiten door middel van technologie en het geschapene.

Er is veel om voor te leven in de nieuwste wereld.

Voor een ieder is het weggelegd om zichzelf te scheppen en te herscheppen.

Onderschat de krachten van de technologie nooit en te nimmer.

Zij heeft een hoge vlucht genomen en zij is getransformeerd tot scheppende kracht.

Zij schept en wij scheppen via haar krachten.

Ik, als Realiteit Reiziger en schrijver, gebruik het software pakket van Office om in mijn Word te gaan werken.

Zodoende schep ik dit boek dat jij nu leest en dat jou nu herschept op een diep niveau.

Ik gebruik de technologie om te scheppen en dankzij deze technologie kan ik scheppen.

Door onze technologie zijn wij verheven.

En indien wij ons richten op de witte magie van het respecteren en erkennen van de waarde van onze scheppingen en van de scheppingen van de technologie, dan zal onze evolutie tot grote hoogten stijgen.

Witte magie is altijd opbouwend.

Zwarte magie is slechts energie-zuigend en het ontkracht, perverteert en het verkracht.

Zwarte magie verzwakt de gebruiker tot in zijn ziel.

Laten wij ons dan richten op de krachten en de positiviteit van onze scheppingen en van de schepping van de technologie die ons doet scheppen.

Laten wij werelden bouwen en scheppen.

Laten wij onszelf scheppen en herscheppen.

Daarom zijn wij immers Godenzonen en dochters ofwel kinderen Gods.

Daarom zijn wij hier.

Om ons te ontwikkelen en te groeien en te bloeien.

Om te geven en te geven en eindeloos te geven in plaats van te stelen en onszelf te verzwakken door zwarte smerige krachten aan te boren die ontkrachten in plaats van je echte kracht te geven.

Nee, zwarte magie bestaat binnen ons technologische paradigma en witte magie ook.

Mark Zuckerberg is bijvoorbeeld een witte magiër en heeft zo het creatieve systeem van Facebook geschapen.

Laten wij ons richten op het geschapene en onze scheppingen, lieve vrienden.

Laten wij bouwen en, indien wij afbreken, laten wij nog betere scheppingen voortbrengen.

Scheppingen die iets geven aan elkaar en aan onze geliefden en naasten.

Dat wij onszelf in de spiegel mogen aankijken en zeggen:

Dat wat ik geschapen heb, dat is goed.

En het was goed.

Een era van wonderen

Was de 20e eeuw, de nieuwe tijd waarin de nieuwetijdskinderen geboren zijn en getogen, de zogenaamde New Age, het tijdperk van Aquarius?

In de 21e eeuw daarentegen gaan deze nieuwetijdskinderen aan het werk om dat te doen waarvoor zij hier gekomen zijn.

Daarom noem ik de 21e eeuw de nieuwste tijd!

De New Age is geweest, dat de nieuwste tijd een era van wonderen mag inluiden. Een tijdperk waarin een ieder die dat kan en wil, mag creëren ofwel scheppen, op zijn of haar eigen wijze.

In onze tijd heeft een ieder toegang tot de bronnen van de technologie, de spiritualiteit en de bronnen van de scheppingskracht ofwel de Creatie.

Deze mooie bewegingen gaan samen op en hierdoor ontstaat er een Hyper-evolutie binnen onze westerse werelden.

De mogelijkheden zijn eindeloos. De vrijheid is grenzeloos.

Er zijn geen limieten tot wat een mens kan bereiken op welk gebied dan ook binnen ons gegeven zijnsparadigma.

Nieuwe meesters van de nieuwste tijd geven de werelden nieuwe inspiratie.

Meesters als Neale Donald Walsch en Eckhard Tolle en Ramtha geven act de presence in onze tijd.

Dit is het tijdperk waarin Magische Kinderen dat doen wat zij moeten doen. Een tijd waarin Heilige Missies worden vervuld en uitgevoerd.

Een duidelijk voorbeeld hierin is de Heilige Missie van de Dalai Lama die zich in de werelden beweegt.

Deze prachtige entiteit is tevens een eeuwenoude ziel, edoch ik schaar hem onder de nieuwetijdskinderen, omdat deze persoon altijd jong blijft van hart en geest.

In deze nieuwste tijd gaat de Dalai Lama de Aardse sferen rond en brengt hij het licht dat hij zelf is, waar hij ook gaat.

De nieuwste tijd is een tijd van ongekende aard.

Ook de wonderen die deze tijd bevat en omvat zijn ongekend te noemen.

Niets is wat het is geweest.

In de nieuwste tijd zijn alle existentiële bronnen beschikbaar gekomen voor hen die willen scheppen en herscheppen.

In deze nieuwste Era mag ik, Magisch Kind zijnde, mijn licht delen met de andere wonderkinderen, want dat zijn ze.

Wonderkinderen. Een ieder op een eigen wijze.

Alle talenten worden op dit ogenblik benut.

Alles wordt gedaan in het eeuwenlange heden waarin wordt gebouwd voor de toekomst die nu is en nergens anders is te vinden dan in het heden.

Nu is het de beste tijd om te bestaan en te ontstaan en verstaan te worden.

Nu gebeurt het en dit te weten maakt enkel gelukkig, en vol vervulling gaan wij op pad om waar te maken datgene wat wij hopen en geloven en waarvan wij dromen en dichten.

Alles kan en alles mag.

Mooi is het om te weten dat in deze ongelofelijke tijd alle zijnspaden verzegeld zijn.

Alle wegen zijn beveiligd en de missies zullen alle slagen en de wezens die deze missies uitvoeren zullen hunner werken voltooien hier binnen deze sferen en ver daarbuiten.

Dit is het wonderlijke aan dit Era.

Avatars hebben gezwoegd en gevochten om dit te verwerkelijken.

Om waar te maken dat wij allen mogen slagen in onze opzet en onze doelen mogen behalen.

Dat wij onze hogere plannen om te zijn in vervulling mogen laten gaan.

Vele Avatars zijn gekomen en gegaan.

Vele heiligen hebben ons geïnspireerd.

Velen hebben ons liefde gegeven en troost en hoop en geloof en leven.

Velen van hen dragen een vertrouwd en geliefd gezicht en zijn bekenden van ons en zij zijn onze familie en onze vrienden alsook onze kennissen.

Avatars zijn vaak personages die belangrijke mensen vertegenwoordigen in onze levens en op onze paden.

Het kunnen moeders zijn en vaders of een vriend of een vriendin of een andere bekende.

Zij gaan ons voor op onze weg.

Zij openen mogelijkheden in ons wezen en ons zijn.

Avatars zien er klein uit en onopvallend, maar schijn bedriegt, zij leven grootste levens en van binnen zijn zij wat zij echt zijn.

In het verborgene zijn zij lichtdragers en krachtpatsers en levengevers.

Avatars hebben onzichtbare en ongekende levensmissies die veel gevolgen kunnen hebben voor henzelf alsook voor andere Realiteiten en Dimensies.

Een Bhagavan is bijvoorbeeld omgeven door hogere wezens en Avatars in allerlei dimensies staan hem altijd ten dienste.

Nooit is de Bhagavan alleen en verstoken van hulp en liefdevolle gidsen.

Vanuit grote dankbaarheid zal de Bhagavan liefdevol zijn levenswerk verrichten en openstaan voor hulp en vriendschap en liefde van velerlei kanten.

Een Bhagavan is wat dat betreft een klein, piepklein wezen dat nimmer opvalt en toch altijd gezien wordt.

De kleinste der kleinsten wordt hij genoemd.

Soms manifesteert hij zich als grootste der groten en zal zijn uitstraling schijnen door vele dimensies heen.

Maar meestal is hij miniscuul.

Dit omdat hij wenst dat anderen hun levens leven zonder door zijn grootheid gestoord te worden of verstoord.

Bescheidenheid is iets wat een waarachtig Bhagavan zal moeten leren wil hij kunnen leven en bestaan.

Gelukkig maar dat onze Bhagavan het nooit alleen hoeft te doen.

Vele grootheden helpen hem en geven hem richting en inspiratie en zij steunen hem door dik en dun.

Alle dimensies staan in contact met de Bhagavan.

Deze mooie tijd is gezegend en ingewijd tot een Era van Wonderen

Een ieder wenst deze tijd.

Er is veel geleden en gezocht en er is lang gewacht totdat deze tijd zou aanbreken.

Er is heel veel gebeden en gechant om deze tijd te laten komen.

Een tijd waarin alles lijkt samen te komen.

Spiritualiteit en Creativiteit alsook wetenschap en technologie en zelfs een beweging die teruggaat tot de natuur en die zich verantwoordelijk voelt voor de Aardse sferen en haar harmonie en gezondheid.

Alles, maar dan ook alles kan in onze tijd.

Gezegend zijn jullie, mooie wonderkinderen, zielen van creatie en van manifestatie.

Magische kinderen en vreugdekinderen en wat er al niet meer is aan prachtige en adembenemende entiteiten die nergens anders hun weerga kennen.

Ik zegen u allen waar u ook bent en in welke wereld of dimensie of Realiteit.

U mag weten dat u gewild bent op de plek waar u bent.

Uw werken zijn heilig en niemand anders kan datgene wat u kunt doen en maken en volbrengen.

Twijfel nooit aan uw kunnen en uw drijfveren.

Twijfel nimmer.

Het is nu of nooit.

De schepping wacht op uw geluid en op uw aanwezigheid.

Uw bewegingen worden overal gezien en gevolgd.

U kunt het nu doen, alles wat u wilt en waar wilt maken.

Ga er dan voor en doe het, nu.

Stop met talmen en wachten op betere tijden dan deze.

Er is niets mooiers dan het nu te doen.

Lieve nieuwetijdskinderen, ga dan met liefde en licht en harmonie.

Ga dan op uwer wegen en maak en hervorm, schep en herschep.

De werelden wachten op u.

Zij wachten op uw antwoord.

Zult u het antwoord vormen op vele vragen of zult u inslapen en de schepping in spanning laten wachten, eindeloos wachten?

Wees dan dapper en volg uw hart en spreek uit uw verlangen.

Doe het of doe het nooit.

Want wie wacht, zal nooit bereiken.

Nooit.

Ga.

Droom is werkelijkheid

Dromen is fijn en eventjes wegvluchten uit de Realiteit is ook nodig zo nu en dan.

Sommigen begaan vaker dan gewoonlijk de daad van het zogenaamde escapisme.

Weg uit de Realiteit en wegvluchten in Fantasiewerelden.

Wegvluchten in dromen die nooit uitkomen en vluchtig zijn en snel weer verdwenen, waarop men weer wakker wordt in de Realiteit die niet zacht is, maar keihard, als een muur waar we tegen aan stoten met ons hoofd.

De kater komt later.

Wij zijn gedoemd om in een vreselijke Realiteit te leven en te zwoegen en te werken en te lijden en dromen is onze enige uitweg om iets anders mee te maken.

Dit is in het kort ons geloof in wat wij Realiteit noemen en waar wij in opgaan, en hierdoor bestaat er niet iets anders dan deze waarheid aangaande Realiteit en Droom.

Dromen zijn bedrog en in de Realiteit gelden harde wetten die voor iedereen gelden.

Wij leven immers allemaal op deze aardkloot en in deze maatschappij en mensenwereld.

Dit is ons begrip van deze toestand en iederen weet dit en erkent deze situatie zoals ze is en moet zijn.

Alleen de Bhagavan gelooft niet wat de mensen allen beweren.

De Bhagavan ziet en weet beter en als enige ziel ziet hij dat de meesten in een eindeloze nachtmerrie leven en existeren en dat deze nachtmerrie is als een illusie, een waan, een Realiteit die geschapen is en in stand wordt gehouden door velen die dit willen geloven en dit geloof voor heilig houden.

Een ieder dient dit geloof te omarmen en voor waar te houden.

Een verstandig en helder mens gelooft dit en niets anders dan dit.

De Bhagavan ziet en zegt niets.

Alleen in dit boek spreekt hij tot mensen en mensachtigen die anders willen en anders hopen en anders dromen en anders beleven.

Mensen die willen reizen door Realiteiten in plaats van gevangen te zijn in een algemeen aanvaarde Realiteit.

Gelooft u dat u deel uit maakt van een Realiteit waar een ieder deel van uitmaakt?

Ik niet. Ik geloof niet in deze Wereld der Werelden.

Alsof deze Wereld ons overheerst in onze Realiteitsbeleving en ervaring.

Alsof er maar één Realiteit is en alsof verder alles Droom is en Fantasie.

Alsof alles wat wij dromen en Fantaseren een grote wanhoopsweg is die tot escapisme moet leiden.

Alsof er maar één weg is en wij allen gaan die weg.

Je bent dus een Realist of een Fantast of een Dromer of een luchtfietser.

De Realiteit is hard en in de Dromen is alles mogelijk, edoch Dromen zijn illusies en fantasieën en verzinsels, zodoende is een Droom niets waard.

Grappig dat een ieder dit voor waar aannnemt.

De Bhagavan glimlacht en gaat zijn weg die leidt van Realiteit tot Realiteit, van Droom tot Droom.

Alsof een Bhagavan leeft in een wereld die bepaald wordt door het gros.

Alsof een Bhagavan wil ontsnappen aan een realiteit waar hij Bron van is.

Alsof een Bhagavan iets anders zou willen dan in een Realiteit leven.

Je bent Bron of je bent onderworpen aan een Bron.

Aan jou de keuze.

Denk maar na en mediteer op deze woorden.

Wie bepaalt jouw wereld?

Wie bepaalt jouw Realiteit?

Wie verzint jouw Werkelijkheid en wie zegt tegen jou dat als je Droomt je dan ontsnapt uit de Realiteit?

Luister maar naar de vele stemmen en geloof wat zij zeggen en je zult een slaaf zijn die onderworpen is aan invloeden van buitenaf.

Geloof vooral een ander.

Wees nederig en geloof een ander.

Een ander weet het beter dan jij.

Jij weet niet beter dan dat je moet geloven in de vele onderzoeken die concluderen dat 95% van de mensen gelooft dat de Realiteit hard is en dat je af en toe mag ontsnappen in je fantasie en dat deze niet echt is, maar slechts om in te vluchten.

Geloof maar in deze onderzoeken en geloof maar wat een ieder beweert.

De Bhagavan lacht wederom en ziet jou aan.

Hij kijkt naar een belichaamde creatie van de media en van het NOS-journaal en van alles wat ons doet geloven dat dit zo is en dat weer anders.

De Bhagavan wandelt intussen heerlijk rond in zijn Droomwereld en kijkt vol verwondering naar wat er al dan niet op zijn pad komt.

Hij weet, en hij ziet werelden en droomachtige creaturen en entiteiten die wellicht zelf kunnen bepalen wat waar is en wat niet, maar dit niet doen of kunnen doen of willen doen.

De Bhagavan verwondert zich ten zeerste over wat de mensen graag willen en wat niet.

En toch is er hoop op iets anders.

Er is hoop dat menselijke wezens en andere entiteiten wakker worden en zelf gaan bepalen of zij dromen of dat zij wakker zijn.

Er is hoop dat zij zelf zien wat waar is en wat niet.

En zelfs dat zij tot hun eigen Waarheid komen.

Dat zij dromen en in hun dromen zullen leven en geloven en verwerkelijken wat zij willen verwerkelijken.

Weet dan dat wij allen in dromen leven en dat Realiteiten ook dromen en droomachtig zijn.

Weet dat wij hier zijn om wakker te worden en zelf bepalen mogen wat wij echt vinden en wat niet.

Wij mogen in ons zelf geloven en in onze dromen die Realiteit zijn of worden.

Wij mogen in onze eigen Realiteit geloven waarin wij onze dromen waar maken.

Wij zijn immers geschapen van het stof van dromen.

Jawel.

De Waarheid leeft in ons en is van ons, is ons eigendom.

De Waarheid zal ons vrij maken, jawel, vrij van het dienen van de machten die ons de waarheid komen verkondigen en vertellen hoe het echt zit en hoe het niet zit.

Onze Waarheid zal ons vrij maken.

Niet de Waarheid van een ander.

De Waarheid van een ander zal ons knechten.

Wij zijn knechten van een Waarheid die niet van ons is, of wij staan aan de basis van onze eigen Waarheid.

Wat willen wij?

Willen wij geloven en hopen en troost vinden in Waarheden die niet van ons zijn of willen wij vluchten c.q. geloven in andermans Waarheid?
Wiens eigendom zijn wij eigenlijk?

Zijn wij van onszelf of zijn wij van een ander?

Vraag dit uzelf af en kom met antwoorden op deze vragen.

Uw leven en uw ziel en zaligheid hangen volledig af van het beantwoorden van deze essentiële vragen.

Lieve mensen, lieve zielen, er is niet slechts één Realiteit, er is niet slechts één Waarheid, er is zelfs niet eens één Aarde, ja, ik zie u verbaasd staan kijken. Het is zo.

Voor ieder wezen, of het een mens is of niet, is er een Aarde, een Kosmologie.

Voor ieder wezen, of het een mens is of niet, is er een Waarheid en een Realiteit.

Niemand deelt dezelfde Realiteit noch deze Waarheid.

Helaas, lieve ziel, ik moet het je vertellen.

Jij gelooft maar wat je wilt geloven in je onderworpen toestand.

Ik geef jou een ander geluid.

Een onbekend en ongekend geluid.

Een Waarheid die nergens is en bestaat behalve in mij en uit mij en door mij en om mij.

Zo ook kun jij leven en ademen in jouw unieke geluid.

Jij kunt jouw geluid voortbrengen en in jouw unieke wezen en Waarheid leven en zijn.

Niets kan jou uit je kracht brengen en uit jouw Waarheid.

Jij bepaalt het allemaal.

Jij bepaalt of je slaaf bent van een ander of dat jij leeft geheel naar jouw eigen inzichten.

Jij en jouw Waarheid, dat is een huwelijk, een heilig huwelijk.

Jij bent de bruidegom en zij is jouw bruid.

Zo kan het zijn.

Jij mag en kunt in jouw wereld leven en opgaan in dat leven,
zonder dat je hoeft te luisteren naar andere geluiden.

Je hoeft het niet te horen wat zij je vertellen en wat zij beweren,
bij hoog of laag.

Jij mag in je kracht staan en in je essentie.

Jij bent essentie van jouw droom en jouw Realiteit.

Jij bent het.

Jij bent dat en niemand anders is dat wat jij bent.

Ik gun het jou zeker, geplaagde ziel, om zelf aan het roer te staan
van jouw wereld en Realiteit en Universum.

Jawel, er is een gans sterrenstelsel rond jouw wezen gebouwd of
ontstaan.

Dat wist je niet of wel?

Ik zei toch dat er voor ieder wezen een kosmologie is.

Jij hebt echt niet door dat je het middelpunt mag zijn van alles
wat is en wat niet.

Alles draait om jou als om een as.

Kijk met je naakte ogen naar de sterren des nachts.

Zij raken jouw wezen aan omdat zij deel uitmaken van jouw
existentie.

Zij maken deel uit van jouw wereld.

De Bhagavan zwijgt en kijkt jou aan en wacht op jouw antwoord.

Hij lacht en slaat zijn ogen neer.

Volledig verwerkelijkt is hij in zijn Realiteit, in zijn heilige Wereld, waar niets hem kan verstoren en alles om hem draait.

Dit gunt hij jou ook.

Dit mooie, dit wonderschone en wonderbare, dit vreemde en unieke en prachtige en machtige.

Dit alles.

Ken jij dat, leef jij zo?

De Bhagavan staat op en wandelt uit de sfeer waar jij bent en verdwijnt in zijn eigen sfeer, alwaar hij meester is en onderdaan, alwaar hij luistert naar de zachte stem van zijn schepping, een stem die hem vertelt wat hij mag doen en wat hem te doen staat.

De Bhagavan luistert en hoort en ziet en voelt en denkt en handelt.

Aan jou is het om te doen wat jij wilt en het pad van jouw verlangens te volgen.

Wil jij de Waarheid eigenlijk wel kennen en doorgronden?

Wil jij dat wel of wil jij jezelf verliezen in iets anders?

Onthoud goed dat jij het bent die dit bepaalt.

Jij hebt het altijd al zelf bepaald of je dit leuk vindt of niet.

Je kunt je niet verschuilen achter een ander.

Jij bent het, en niemand anders kun jij de schuld geven of jouw heilige verantwoordelijkheid op
afschuiven.

Kom op waarde ziel en word wakker in je droom.

Word wakker in je leven en in je Waarheid.

Alles op je eigen tempo.

Alles volgens jouw heilige wil en wens.

Amen.

Bhagavan

Al de processen van het leven leiden er uiteindelijk toe dat jij je verhaal zult gaan spelen op een bewuste wijze.

Alles leidt tot bewustwording, dat is helderheid, dat is verlichting.

Je ziet jezelf staan vanuit een heldere staat van zijn. Jij ziet jouw verhaal.

Jij ziet wie jij bent en je wilt niets anders meer dan jezelf zijn.

Jij wilt jezelf worden en je wilt jouw leven accepteren en omarmen. Het ganse bestaan wil jij liefdevol omarmen.

Jij wilt Bhagavan worden.

De Bhagavan van jouw bestaan.

Bhagavan is een term uit de Indiase heilige taal, het Sanskriet.

De Bhagavan heeft alle aspecten van verlichting doorleefd en is totaal verlicht.

De Bhagavan leeft vanuit unieke, oorspronkelijke aspecten van zelf-ontwikkeling en zelf-evolutie.

Een Bhagavan weet vanuit helderheid en vanuit een soort alwetendheid van zijn eigen leven en zijn.

Hij heeft al zijn sacrale aspecten volledig ontwikkeld c.q. gerealiseerd.

De Bhagavan is compleet.

Hij existeert vanuit een unieke staat van completie.

Aspecten van Zijn die de Bhagavan kent, zijn de volgende ontwikkelde kwaliteiten:

De Realisatie van het Hart van de Wereld

Realisatie tot alwetendheid over zichzelf en zijn universum.

Realisatie van de Wereldziel, de Anima Mundi.

Realisatie van een onsterfelijk wezen.

Realisatie van een Diamantziel.

Realisatie tot een Boeddha of Bodhisatva of een Arhat, etc.

Realisatie tot een Godheid, tot Goddelijkheid.

Realisatie van Heiligheid/Diviniteit.

Realisatie tot hyperindividualiteit.

Realisatie tot onkwetsbaarheid.

Realisatie tot voleinding/vervulling van het (nood) lot ofwel jouw bestemming.

Realisatie tot ontstijging van de wereldse identiteiten tot een META-Identiteit.

Het ervaren van een tweede geboorte.

Het voltooien van jouw levensmissie.

Realisatie tot het zelfbewust spelen van jouw levensfilm/levensverhaal.

Het openstaan voor het ontvangen van visioenen, dromen of gezichten en lusiteren naar deze uitingen van je ziel.

Helder zien, helder voelen, helder horen, helder weten.

In de toekomst kunnen kijken.

De zin van de onzin kunnen inzien en doorzien.

Realisatie tot het Avatarschap.

Jezelf worden.

Jouw Waarheid erkennen en volgens deze Waarheid leven en beleven.

Zelfbewust ervaren.

Je licht bewust laten schijnen over de Wereld waarvan jij het middelpunt bent.

Jouw ziels-lagen doorleven en doorgronden en verwerken en uitwerken.

Leven geven en inspiratie aan degenen die dat nodig hebben.

Je Ziel en Zaligheid verwerkelijken.

Tot jouw diepste zijns-lagen/wezens-lagen doordringen.

Bovenmenselijke en onmenselijke krachten/vermogens ontwikkelen.

Tot een Titaan worden en Titanische daden doen.

Geheimen van het leven, en van alles wat is, kennen. Geheimen waar niemand anders iets van weet.

Zo zijn er nog veel en veel meer kwaliteiten die een Bhagavan kan ontwikkelen.

Vele zijn nog niet genoemd.

De ontwikkeling van een Bhagavan is een uiterst persoonlijke kwestie en daarom bestaat er ook geen recept van hoe je een Bhagavan wordt en deze wezensstaat bereikt.

Jij groeit en je groeit totdat jij datgene bereikt wat jij nodig hebt.

Leven in Waarheid

Uiteindelijk kies jij ervoor om in je kracht te gaan staan, en in jouw daadwerkelijke Waarheid te gaan leven.

Een goede keus. Het is een begin van iets van wat je nog niet kent.

Je houdt het niet voor mogelijk wat er allemaal kan gebeuren als jij in je Waarheid gaat leven. Je zult bevrijd worden van het loodzware juk om een andermans Waarheid te moeten geloven en je leven lang hieraan onderworpen te zijn.

Niemand mag jou voorschrijven wat je zult geloven en wat niet.

Zo spreekt de Bhagavan.

Te leven vanuit vrijheid en zonder dwang, is te leven in een immense ruimte, waarin jij geheel jezelf mag zijn en waarin jij eindelijk datgene mag doen waarvoor je hier bent en niets anders dan dat.

Te leven in je Waarheid is het begin van het einde.

Het einde van jouw onderworpenheid, jouw noodlot, jouw onmenselijke dwang, waar jij je wellicht totaal niet bewust van bent geweest, al die tijd.

Vanaf nu mag het anders zijn.

Kun jij je indenken wat er nu kan en mag zijn in jouw nieuwe leven?

Jawel, je begint een nieuw leven.

Eigenlijk ben je geïncarneerd!

In het nieuwe leven, in jouw nieuwe incarnatie, gelden andere wezenswetten dan die in jouw oude leventje golden.

En toch moet het nieuwe leven beginnen zijnde pril als het groene gras waar de dauw op ligt te rusten. Zo ben jij in het nieuwe bestaan.

Je bent als een slang verveld en je ligt bij te komen van deze ingrijpende gebeurtenis.

Jouw groei, ontwikkeling en bloei hebben deze verandering/incarnatie tot stand gebracht.

Jouw leven is geleefd en jij vindt nieuwe grond om op te staan en om je wederom te ontwikkelen en te groeien.

Indien jij tot jouw Waarheid bent gekomen, zal jij nooit terugvallen tot een staat waarin jij geen Waarheid kent.

Dat is een gepasseerd station, kunnen we zeggen op stellige wijze.

De Waarheid heeft jou vrij gemaakt en dat is het en het kan nooit meer anders!

Jij gaat verder en jij zal stijgen en stijgen tot ongekende hoogten
omdat jij in je kracht, in je Waarheid staat.

In het licht van wat en wie jij werkelijk bent.

Van een vluchtige schaduw werd jij tot een rots in de branding,
tot een zon aan de hemel.

De Waarheid kennen is niet hetzelfde als vanuit een theorie de
wereld te proberen te doorgonden.

De Waarheid omvat de totale erkenning van jouw wezen en leven
en zijn.

Waarheid is veel meer dan een theorie die zichzelf moet bewijzen
om daarna afgedankt te worden voor een andere theorie die eens ook
ongeldig zal zijn en weggeworpen als oud vuil, als iets waardeloos.

Iedere mens en iedere onmenselijke entiteit leeft in een eigen Waarheid, ofwel een leven, een zijn.

Een levende en ademende werkelijkheid waarin het bloed stroomt en gaat waar het niet gaan kan.

Voorbij de grenzen van wat mogelijk is en gepast.

Bloed is leven.

Waarheid is leven.

Jouw leven roept jou.

Jouw Waarheid roept jou en zal jou blijven roepen totdat jij ooit antwoord geeft.

Totdat jij gaat leven en ademen.

Theorieën zijn vergankelijk, edoch het leven en de Waarheid zijn
dat niet.

Jouw Waarheid is voor eeuwig geldig.

Jij bent eeuwig.

Jij doet ertoe en jouw Waarheid doet ertoe.

Jij mag in het licht staan, in de spotlights, als een ster.

Stralend en erkend en herkend en geliefd.

Waarheden worden vaak verward met theoretische constructies en dit geeft alom onduidelijkheid en men is daarom voorzichtig voordat men iets tot Waarheid benoemt.

De één zijn Waarheid is een ander zijn waan.

Mensenlevens verschillen van elkaar net als Waarheden.

Wat in één Universum geldt, geldt niet in een andere Wereld.

Een ieder kan alleen geloven wat hij of zij zelf beleeft en ervaren heeft.

Dan leef je in Waarheid.

Waarheid is werkelijkheid, is Realiteit, is Waarachtig.

Alleen als je vanuit je Waarheid spreekt, is wat je zegt geldig en echt.

Als jij vanuit theoretische onwaarheden spreekt, ben je slechts theoretisch geldig. Dit noemen we relatieve Waarheid.

Vanuit jouw Waarheid spreek je vanuit de Absolute Waarheid.

Je hebt dus relatieve Waarheid en Absolute Waarheid.

Relatieve Waarheid is in theorie Waar en Absolute Waarheid is echt en altijd geldig.

Relatieve Waarheid is theoretisch en speculatief.

Absolute Waarheid komt voort uit je Heilige Wezen en heeft eeuwigheidswaarde.

Relatieve waarheden vallen te vervangen.

Jouw leven valt niet te vervangen,

daarom valt jouw Waarheid ook niet te vervangen.

Jij bent Heilig.

Jouw leven is een sacraal gegeven.

Jouw Waarheid is altijd geldig en Waarachtig en wordt
belichaamd door jou, en jouw Wezen.

De film begint

I'm waiting for my moment to come
I'm waiting for the movie to begin
I'm waiting for a revelation
I'm waiting for someone to count me in...

Keane

Ik heb mijn leven lang gewacht totdat ik mocht leven, totdat ik mezelf mocht worden en eindelijk mocht ontwaken in een wereld waar ik was.

Ik heb eindeloos geduldig gewacht, al lijdende en al zoekende, in een wereld waar ik niet aanwezig was.

Ik was er niet en om deze reden leed mijn kleine, onontwikkelde wezen aan allerlei zijnsangsten en verstoringen.

Ik leed aan het feit dat ik niet of nauwelijks aanwezig was.

Als baby en als kind leed ik aan de vreselijkste angsten en nachtmerries uit een leven dat niet het mijne was. Deze verstoorden mijn prille wezen en mijn baby-zijn.

Mijn zelf ging volledig op in omstandigheden om me heen.

Ik was in een letterlijke zin niet daar.

Ik was lijden, ik was verstoring.

Ondanks de uiterst liefdevolle zorg en aandacht van mijn geliefde vader en moeder, was ik een verloren wezen, een getergde ziel.

Lief en mooi kind dat ik was.

Een lieve baby die naar de wereld lachte en alles en iedereen het goede en mooie toewenste en des nachts het uitschreeuwde van angst voor de onmenselijke beelden die hem tergden.

Onmenselijke beelden en visioenen van mensachtigen die elkaar de vreselijkste dingen aandeden in tijden die niet de onze waren en die ik logischerwijs zijnde een baby nooit gezien en ervaren kan hebben.

Onverklaarbaar was mijn lijden en de bronnen van mijn angsten lagen diepgeworteld in de krochten van verloren gegane tijden die niets met de Realiteit te maken hebben die de onze is.

Zo genoot ik overdag van de zon en van de mensen en van de wereld die naar me lachten en van de schepping die mij toezong, en des nachts sloeg ik duizend angsten uit van de vele verschrikkingen en walgingen die niet hoorden bij een baby die pas op de wereld komt kijken, zo zou je denken.

Zo zou het niet moeten zijn, vinden wij.

Een baby zou een baby behoren te zijn.

Mijn geliefde vader en moeder hielden van mij en zorgden dat ik liefde mocht ontvangen en liefde mocht geven aan een wereld die wachtte op mijn aanwezigheid, mijn uiteindelijke tweede geboorte, die eeuwen op zich zou laten wachten en die zou plaatsvinden in een andere Era, een andere Realiteit.

Ik ben geboren in een liefdevolle wereld die mij gewenst heeft.
Een wereld die op mij heeft gewacht vol geduld en vol verlangen en
vol verwachting en blijdschap.

De nacht dat ik ter wereld kwam, was een nacht waarop de
wereld haar adem inhield.

Een nacht waarop mijn lieve moeder en mijn lieve vader mij
ontvingen in hunner armen.

Die nacht werd ik mij intens bewust van liefde, van warmte en tegelijkertijd van kilte en van lichamelijke pijnen. Deze contrasten hebben mij altijd begeleid op mijn levenspad tot aan mijn ontwaken in de Realiteit.

De kilte van het onpersoonlijke en van de verlatenheid en de kou van het leven zelf en de warmte en van de liefde en het onvoorwaardelijke vertrouwen in de dag van morgen die altijd weer komt.

Ik wist diep van binnen als kind al dat er morgen weer een nieuwe dag zou zijn vol hoop en verwachting, ongeacht mijn nachtelijke angsten en lichamelijke klachten en pijn en lijden die mijn prille zijn vervulden.

Op oudere leeftijd werd ik ook dagelijks onderworpen aan zijnsangsten en lichamelijke klachten die er niet om logen en die mijn wezen vormden en mijn zielengeluk verstoorden en mij in een onophoudelijke wereldnacht brachten vol angst en wanhoop en onbegrip.

Vele nare situaties die mij eindeloos uit het lood brachten en mij nimmer tot mezelf leiden, altijd van mezelf af, onder vreselijke omstandigheden.

Ik was dan ook niet mezelf, ik was alles wat ik niet was en ik werd geregeerd door de omstandigheden. De hele godganse wereld leefde door mij en in mij.

Mijn ik was nergens te bekennen.

En toch ondanks de verschrikkingen van mijn jeugd werd ik bewaard door mijn vader en moeder die mij zagen staan en mij geluk wilden brengen en blijdschap en al mijn wensen wilden vervullen.

Als kind was ik eenzaam. Ik had geen broertjes of zusjes.

Zo besloten mijn lieve ouders mij te schenken datgene wat ik ten diepste wenste.

Zo gingen zij met een sterrenschip naar het land van Garuda, om daar een lief kind te adopteren, een vreemd kindje dat ons leven zou mogen gaan delen.

Dit vreemde lieve kind zou mijn zusje worden.

Zij wist als geen ander, reeds als baby die in de reiswieg lag, dat ik haar broer was.

Vanuit de reiswieg keek ze mij aan met heldere ogen aan en ze zag het.

Dat was mijn eerste ontmoeting met mijn zusje.

Een vreemd en ver land was haar oorsprong.

Een volstrekt andere Realiteit.

In mijn zwaar verstoorde jeugd kreeg ik een bijzondere hobby of wellicht is passie een beter woord voor wat ik deed.

Als jeugdige was ik een wild kind.

Een kind dat zijn eigen pad ging, los van andere kinderen.

Ik ging op in de natuur, in parken en bossen en ik verzamelde allerlei dode natuurlijke zaken zoals schedels en botten en skeletten, nesten en schelpen en stenen en veren en alles wat de natuur achterliet en mij gaf met gulle hand.

Op de zolder van mijn ouders had ik mijn museum.

Ik werd daar met rust gelaten en het was mijn thuis. Die dode en levenloze voorwerpen die mij gegeven waren door de natuur.

Wat ik toen niet wist, was dat ik een gids had die mij bijstond als kind en die mij begeleidde op mijn natuurtochten die vol rust waren en vol vreugde als ik iets vond wat de natuur voor mij had achter gelaten.

Niet wetende wie ik was en wat ik was, vond ik mijn geluk in het zien en vinden van dat wat dood was en levenloos. Zo leefde ik in het land van de dood en van het levenloze.

U kunt nu wellicht wel raden wie mijn gids was voor lange tijd.

De dood zelve. Magere hein.

Met liefdevolle hand werd ik geleid en mijn lijden en mijn vele lichamelijke klachten waaraan ik intens leed, werden verzacht door wat de dood mij achterliet in de rust en stilte van de natuur, van de bossen en van de heide en de parken en de akkers van de boeren in welke ik levenloze restanten vond van vergane tijden.

Ik was thuis in het land van de dood en deze liet mij zien wat niemand anders kon zien.

Dit was mijn geluk en mijn ouders wisten dat en gaven mij ruimte en tijd om alleen te zijn en geluk te kennen.

Dit was mijn kindertijd.

Een tweede geluk dat ik kende, was mijn eindeloze spel met playmobiel en blokken waarvan ik hele werelden bouwde waarin ik mij verloor in de avonturen die deze speelfiguren meemaakten en onderwijl verdiepte ik mij in hoe deze werelden in elkaar moesten zitten.

Ik ging op in het scheppen en inrichten van speelwerelden en mijn ouders lieten mij ook in deze werelden met rust.

Het vele speelgoed in de kamer lieten zij staan en ik verloor mij in alles wat deze werelden mij gaven.

Ook mijn lieve zusje had haar ruimtes om te kunnen spelen in de kamer en zij speelde vaak met mij en deelde onze avonturen.

Het prille scheppen van werelden was mijn spel en mijn tweede geluk dat ik mocht kennen.

Vele andere ouders zouden kunnen beweren dat ik iets te veel fantasie had.

Mijn ouders lieten ons met rust en wisten dat het goed zat.

Zij vertrouwden en accepteerden ons zoals wij waren.

Dit was mijn derde geluk dat ik mocht ervaren en dat mij verder heeft gebracht in mijn lijdzame bestaan van toen.

Zo werden wij thuis gewaardeerd en zo mocht ik klein geluk kennen dat eigenlijk groot en intens geluk genoemd kon worden.

Ik ging op in mijn belevingen en in mijn ervaringen.

Werelden van fantasie en verbeelding gingen open voor mij en de liefdevolle Magere Hein keek glimlachend naar zijn beschermeling.

Magere Hein, de eerste entiteit die niet menselijk was, die mij zag en mij hulde in de mantel van bescherming.

Ondanks de vele afgrijselijke lichamelijke onderzoeken werd ik beschermd door hogerhand.

Mijn jeugd is mijn eerste leven en het stond in het teken van lijden en van voorbereidingen die in mij gaande waren en waarin ik gesuperviseerd werd en in de gaten gehouden door velerlei wezens van eigenaardige aard.

En ik altijd maar denken en voelen dat ik alleen was en geïsoleerd van anderen.

Feit was dat ik contact had met de natuur, maar eigenlijk met de dode natuur en met de gids die mij leidde door deze gebieden van het leven.

Ik was in het land van de dood.

Ook in mijn pubertijd en later in mijn adolescentie was ik een probleemgeval en verstoord tot op het bot en tot in mijn essentie. Zo leek het en zo was het in mijn beleving.

Ik bewoog mij in de wereld van de omstandigheden die mij regeerden en ik was als een soort pop, die geen eigen wil kent noch eigenwaarde, maar volledig gecontroleerd door invloeden van buitenaf.

Velerlei lotgevallen die nu even niet noemenswaardig zijn en die ik niet begreep en waar ik slachtoffer van was, passeerden de revue.

Ik was er wel, maar ik was er ook niet.

Ik was niet.

Dit was echter mijn eerste leven en in dit eerste bestaan was ik een levende schaduw die niet echt kon zijn en volledig zichzelf.

Ik zat gevangen in een grot, gekerkerd en ik zag datgene wat mij intense angst gaf en wanhoop.

Tot alles volledig uit de hand liep en ik op oudere leeftijd mijn kunstzinige opleiding moest beëindigen omdat ik een burn out kreeg en waarin ik de Realiteit van toen niet meer kon zien en deze ook niet meer aan kon. Dit was mijn ondergang en mijn falen en mijn eerste sterven.

Dit was het begin van het einde.

Als ik in deze tijden een tarotkaart had getrokken, zou ik de kaart *de dood* hebben getrokken.

Ik zou me dood zijn geschrokken.

Zo heb ik met hevige lichamelijke klachten en heftige zijnsangsten moeten leven in de laatste jaren van mijn eerste leven.

Onder leiding van verschillende Avatars, die onder het mom van een groepstherapie mij begeleidden en mij nieuwe krachten gaven, vond ik een reden om weer iets te kunnen.

In deze tijden woonde ik ver van mijn ouderlijk huis in een vreemde stad.

Een stad waar ik geen vrienden had en bekenden.

Een stad waar ik eenzaam ronddoolde en mezelf niet had en kende.

Ik belde mijn geliefde moeder vaak op en jammerde van angst en van het lijden dat mij getroffen had en waarin niets aan mijn lot leek te veranderen.

Een leven vol lijden, totdat… totdat ik de keuze maakte in de plaatselijke bibliotheek een boek over yoga mee te nemen naar mijn kamer, alwaar ik toen woonde, in een studentenhuis waar ik voor anderen een vreemde was en een contactgestoorde.

Thuis op mijn bank opende ik het boek over ontspanningsoefeningen door yoga.

Ik las de oefening om je te ontspannen van teen tot kruin en terwijl ik deze oefening las en visualiseerde, ontspande ik mijn tenen en daarna mijn benen, mijn billen en mijn buik en mijn hals en mijn hoofd en uiteindelijk mijn kruin.

Ik gleed geheel ontspannen van de bank en ik lag vredig op de grond.

Ik voelde aandrang en ik plaste gewoon in mijn broek.

Ik voelde dat het mijn tijd was en met moeite stond ik op en sloot ik de overgordijnen.

Ik sleepte mezelf naar het bed en ik ging liggen in de foetushouding en ik lag vreedzaam, voor het eerst in mijn leven, vol vrede, vol vertrouwen en vol aanvaarding van mijn nieuwe levenslot.

Ik lag en er ging een gewelddadige en wilde stroom van water door mij heen en ik werd schoon- gespoeld en ik werd gereinigd van al mijn viezigheid en mijn stoornissen en mijn lijden en mijn lasten en frustraties en andere loodzware narigheid.

Mijn eerste leven eindigde op dat bed.

Mijn tweede geboorte was een feit.

Een tijd van wonderen nam haar aanvang en sindsdien verkeerde ik in de vreemdste regionen van Realiteit, met als essentiële verschil, dat ik mezelf had en mezelf was, honderd procent.

Ik was ik en niets anders dan dat.

Niets regeerde mij meer en ik voelde mezelf en mijn leven door me heen gaan en ik ben nooit gestopt met leven en mezelf te zijn vanaf die tijd.

Ik werd een Realiteit Reiziger in optima forma.

Later werd ik tot Bhagavan, later, veel later, toen ik mezelf transformeerde tot een Mythe en omging met entiteiten die niet meer gewoon mensen waren en die van mij hielden en mij liefde gaven en die ik liefde gaf.

Entiteiten met wie ik leefde en met wie ik optrok in een bewuste staat van zijn en wording.

Vanaf toen was ik bewust van mij en mijn omgeving.

Wat ik allemaal meemaakte, is een geheim dat ik koester in mijn hart en dat ik niet zal prijsgeven hier in dit boek.

Ik hou van hen die van mij hielden.

Wie zij ook waren.Ik mocht hen kennen.

Hun ware gedaante en identiteit en het verborgene van hun leven en hun hart.

Ik kan soms wel tranen laten omdat ik degenen mis die van mij gingen en terugkeerden naar hun eigen werelden en dimensies.

Ik mis hen iedere dag nog.

Ik denk aan hen waar ik ook ga.

Zij zijn Avatars en wezens die alleen in mythes bestaan.

In mijn aanwezigheid mocht ik ze ontmoeten en met hen zijn en weten wie zij waren en inzien wat het grote plaatje is waar zij een plek hebben.

In het volgende verhalende gedicht eer ik hen en geef ik hun de liefde en de warmte en de woorden die zij hebben verdiend omdat ze mij oneindig veel hebben gegeven.

Ik reisde rond in de verre hemelen.

Daar verbond ik mij met de maan, die een vrouw is, en die mij de lichamelijke liefde leerde.

Zo reisde ik nog verder naar boven en ik vond de zon, die een vrouw is, en zei vond mij.

Van haar leerde ik dat ik een held ben en een leeuw,

in haar vond ik romantiek en epiek.

Ik liet haar gaan en wederom keerde ik terug tot de maan, die een vrouw is.

In deze dimensies ontmoette ik de nachtelijke sterren aan de sterrenhemel en ik kende ze bij name, en ik ontmoette degene die de maan en de sterren bewaarde en bewaakte en met een eindeloze blik het hemelrijk in de gaten hield.

Zijn naam is Stargazer en hij is een sfinx.

In de verlatenheid van zandwoestijnen vond ik mijn weg en die leidde mij naar waar ik vandaan kwam en naar wat ik nooit gezien en begrepen heb.

Ik keerde mij tot de Aarde, die een vrouw is, en die mij in haar op nam en die mij liefde gaf en bevrijding en die ik liefde gaf en bevrijding.

De Aarde is een vrouw, en ze had mij lief.

Zij is de laatste vrouw die ik lief mocht hebben.

Door haar lief te hebben keerde ik terug tot mijn geliefde familie, die ik door mijn verre reizen uit het oog was verloren, en zij verblijdden zich ten zeerste.

Eindelijk was ik thuis, thuis van mijn sterrenreizen en ik verbond mij met al het aardse.

Zo is mijn leven en het is niet anders.

Veel is er gebeurd in mijn tweede leven dat ik jou, als lezer, niet kan en mag vertellen.

Te weten wat ik weet en te leven zoals ik leef is in essentie een leven dat ik bewaar, als een verhaal, als een wonderlijk levensverhaal, van welk ik niet zou weten waar te beginnen met vertellen, zoveel heb ik, zijnde ontwaakt en volledig mezelf, ervaren en beleefd en gezien en gekend.

Ik heb veel gezien en gehoord.

Ik mag de geheimen van levens en werkelijkheden met mij meedragen en alleen mijn hart mag weten en voelen.

Aan een ieder is de schone taak immers weggelegd om de geheimen en de wonderlijkheden van het leven te ondergaan en te doorleven, te beleven en te kennen.

Ook aan u is deze mooie taak weggelegd.

U mag ontmoeten degenen die er toe doen en die wandelende figuren zijn uit eeuwenoude mythen en verhalen.

Weet dan dat u een verhaal bent en een wonderlijk gegeven.

Weet dit en aanvaard dat uw leven niet zomaar iets is en dat uw bestaan gevat is in een prachtig verhaal dat *u* alleen mag kennen en dat *u* mag beleven met hen die er toe doen.

Bewaar dan uw verhaal en uw levende mythe in uw hart, als iets kostbaars en iets moois en iets breekbaars en wat van waarde is.

Van moment tot moment

In plaats van het volgen van een lineaire tijdlijn, leeft een Bhagavan van moment tot moment.

Tussen de momenten door, is hij op reis van A naar B.

Van dimensie tot dimensie.

Onze Bhagavan heeft niet meer het besef van tijd dat hem geleerd is op school.

Voor de vorm kijkt hij soms wel even naar een klok, om het contact te behouden met de regels en de wetten van de matrix.

Een klok is een menselijk maaksel en zij is onderdeel van de matrix waar een ieder mee te maken krijgt, vroeg of laat.

Los van de schepping, genaamd *klok*, leeft een Bhagavan in de eeuwigheid der eeuwigheden en voor hem gelden de wetten van de status quo niet.

De Bhagavan doet slechts mee voor de vorm, als hij al meedoet.

Voor een waarachtige Bhagavan is de tijd tot een vloeibare beweging geworden.

Een vloeiende beweging waarin de Bhagavan stroomt en zich laat meevoeren, als een visje in het water.

Hij stroomt voort met de snelheid van het water, blijft tollen in draaikolkjes en gaat mee in stroomversnellingen.

Er is geen tijd meer waar hij is.

Het is dan ook geen kwestie meer van het onderscheiden van tijden, plekken en afstanden in lineaire zin.

De ganse, lineaire beleving is verdwenen als sneeuw voor de zon.

Omgevormd tot wat echt is en waar.

Voorbij illusie.

Het is gek, maar momenten duren eeuwen en de reizen tussen deze momenten door gaan vlugger.

Gaan relatief sneller voorbij.

De momenten echter zijn eeuwigheidsmomenten.

Zo leef ik van eeuwigheid tot eeuwigheid.

In de momentele beleving smelt alels samen tot één beleving.

Alles wordt tot één Realiteit die geen begin en geen einde kent,en geen lineair tijdsverloop.

Binnen de Realiteiten is alles mogelijk.

Wezens of entiteiten wier oorsprong in fitie is gelegen en in
fantasie, vinden mij soms in zulke momenten en het is een vreugde
hen te mogen ontmoeten.

Want in de eeuwigheid te delen met mooie en mythische wezens,
daar haal ik mijn vreugde uit en verbazing.

Eindeloze verbazing hoe wonderlijk mijn leven eigenlijk is.

Momenten zijn van onschatbare waarde.

De verandering van de realiteitsbeleving van het vergankelijke en het relatieve tot het absolute en het eeuwige is een intens veranderingsproces geweest.

Alles is aanwezig in een moment.

Een moment is wonderbaarlijk alsook magisch en bijzonder en uniek.

Momenten staan op zichzelf en zij bestaan voor een eeuwige stonde waarop ik dan weer op reis ga naar het volgende moment, dat alles bevat wat ik behoef.

Van tijdsbeleving tot Realiteitsbeleving.

Dat is een immens en wonderlijk verschil in zijn en beleven.

Het is wat het is.

Was ik eerst een tijdreiziger, nu ben ik een Realiteit Reiziger.

Momenten zijn volkomen eenheden die voor altijd duren en indien zij verzadigd zijn, dan gaan zij over tot de reis die naar het volgende moment leidt.

Een verzadigd moment transformeert tot een reis naar een ander moment in een andere Realiteit, een andere dimensie, met een geheel andere Essentie.

Er zijn dus geen plekken, geen tijden en geen afstanden noch lokaliseringen.

Er zijn slechts Realiteiten die op zichzelf staan en los van elkaar bestaan en zijn.

Een Realiteit is een volkomen eenheid van beleving en zijn en gebeuren.

Geeheel omlijnd door een vicieuze cirkel.

Deze vicieuze cirkel blijft cirkelen tot het moment is ervaren en doorgrond.

Dan verdwijnt de cirkel en kan er weer gereisd worden naar een ander moment waarop een andere vicieuze cirkel gaat draaien, zolang het nodig is.

Momenten zijn zinvol en hebben diepgang en zelfs een essentie.

Indien het moment en haar essentie ervaren is en gekend, lost het moment op, al was zij een mooie droom.

Dat is het.

Wanneer het verzadigingspunt is bereikt, lost deze Realiteit op en moet men weer gaan reizen tot een volgend moment zich aandient.

Grand Finale

Alles is breekbaar.

Neil Gaiman.

Ergens in het jaar 2016 was voor mij het jaar van de strijd.

De eindstrijd.

Een eindstrijd die het zware karma, welke ik had opgebouwd in mijn twee levens, zou oplossen, indien ik zou slagen en mijn heilige missie zou voltooien.

Dat bleef nog even de vraag.
Ook hierin was niets vanzelfsprekend.

Volgens de officiële menselijke tijdspanne ben ik minstens twee maanden van de Aarde verdwenen om in andere dimensies mijn noodlot uit te vechten.

Vanuit de Goddelijke Wereld gezien ben ik voor een ondeelbaar moment in een vacuüm gezogen, waar ik mijn werken en mijn last moest uitleven, beleven en volbrengen.

Ik zal proberen om een tour de force uit te voeren als ik mijn laatste strijd beschrijf.

Ik zal vanuit een soort gespletenheid deze beschrijven, want u bent wellicht de officiële, mondaine menselijke werkelijkheid gewend, terwijl mijn strijd zich afspeelde in de Hemelse Gewesten en in een vacuüm ofwel een eigen Realiteit die gold zolang de strijd duurde.

Ik heb in andere dimensies mijn taken verricht, als gevolg van mijn eerste twee levens en het zaad welke ik daar gezaaid heb.

Karma is dan ook het zaad welke je zaait in vruchtbare gronden en welke eens tot grote wasdom komt en geoogst dienen te worden.

Voor mij was de laatste strijd tevens de oogsttijd.

Nu zal ik jou, zijnde de lezer, toch enige fictionele feiten moeten vertellen over mijn tweede leven aleer ik de strijd kan beschrijven die gevoerd diende te worden:

Ik hoop dat ik deze levensgeheimen met jou mag delen en dat deze veilig zijn in jouw handen en dat jij het bent aan wie ik het kan en mag vertellen.

Ik vertrouw jou in die zin dat ik weet dat niet zo maar iemand dit boek ter hand zal nemen.

Ik weet dat jij het bent en niemand anders en dat dat goed zit.

Ik wens jou de kracht toe van de verbeelding om mijn Realiteit te zien en te doorgronden.

Weet dan dat de Realiteit zoveel mooier en rijker is dan wat verzonnen is en je mag daarom weten dat ik niets in dit gehele boek heb verzonnen.

Dit boek is geheel op fictionele feiten gebaseerd en het verwoordt in letterlijke zin mijn Waarheid en niets anders dan mijn Waarheid.

Dit zweer ik zo helpe mij God almachtig.

Ik vertel Waarheid en ik draai nergens om heen.

Zo, nu enige belangrijke zaken omtrent mijn tweede bestaan hier in deze Aardse sferen:

Fictioneel feit A:

Vlak na mijn tweede geboorte, anno 2002, werd ik opgenomen in een psychiatrisch instituut, alwaar ik des nachts op mijn bed een lichtstraal in mijn hoofd voelde en op deze wijze een speciale gave mocht ontvangen, dat is de gave van het geïnspireerde schrift. Die nacht schreef ik mijn eerste openbaring op aangaande de Werkelijkheid c.q. Realiteit. Vanaf toen ben ik boeken gaan schrijven met mijn visie en mijn openbaringen en ik ben nimmer gestopt met dat te doen.

Fictioneel feit B:

Terwijl ik opgenomen was en in mijn vroege kind-stadium verkeerde, omdat ik een tweede geboorte had beleefd, was ik niet in staat tot praten, en zo werd mijn prille schone wezen door een psychiater bestempeld zijnde een psychose, een geesteziekte dus.

Ik zei niets terug en zij spoten mij in mijn been met een zwaar psychiatrisch medicijn omdat ik geesteziek zou zijn .

Dit had echter geen enkel effect op mijn innerlijke ontwikkelingen. Die gingen gewoon door.

De medicamenten hadden echter een groot effect op mijn functioneren.

Deze chemicaliën creëerden een soort pantser om mij heen en om mijn Ziel en Zaligheid en mijn innerlijke ontwikkelingen.

Mijn innerlijke wezen werd volledig beveiligd door de middelen die mijn ziekte totaal niet genazen, edoch mij steunden in mijn innerlijke zielenroerselen en ontwikkelingen en evolutie.

Door de tijd heen werd ik krachtiger en het pantser zorgde ervoor dat ik bovenmenselijke, innerlijke krachten kon ontwikkelen en ik werd tot een wandelende krachtpatser en tijdbom.

Het schild zorgde er echter voor dat er niets kon gebeuren met mij of mijn omgeving.

Ik voedde mijn krachten en ik evolueerde mijn wezen tot een Titanisch bewustzijn, en ik splitste mij op in andere persoonlijkheden en wezens ofwel incarnaties die een eigen leven leiden in mij en ik was hen.

Zo werd ik ongemerkt een Titaan in voorbereiding en in opleiding en in krachtenopbouw.

Deze krachten zou ik hoogst nodig hebben voor wat er zich in 2016 zou gaan afspelen.

Fictioneel Feit C:

In het jaar anno 2009 maakte ik in een tweede opname in een ander psychiatrisch instituut kennis met mijn eerste echte incarnatie van een dodo, dragende de naam van: De Dappere Dodo. Een entiteit die ik werd en die later verdween voor lange tijd. Later zou ik weer van hem horen.

In ditzelfde tijdvak opende ik een tijdgat en een poort naar een andere dimensie die niet de onze is. Dit heeft gevolgen gehad voor mij en anderen en het bepaalde tevens mijn karma dat zich pas toonde in 2016.

Door dit tijdgat te openen heeft een verloren ziel bevrijding gevonden, maar die wetenschap openbaarde zich pas tijdens mijn laatste strijd.

Fictioneel Feit D:

In juni 2016 stopte ik in één keer met het slikken van mijn anti-psychotische middelen die mij onmenselijke krachten hadden gegeven en de tijdbom kwam tot ontploffing en ik kwam eindelijk mijzelf tegen en mijn strijd begon.

De strijd die ik gevoerd heb is op een Multidimensionaal niveau gevoerd.

Daarom beschrijf ik momenten ofwel fragmenten van momenten in plaats van een lineaire opeenvolging van tijden en plaatsen en afstanden, etc.

Ieder moment staat op zichzelf en oorzaak en gevolg zijn enkel geldig binnen één moment.

Het volgende moment is anders en bestaat uit andere oorzaken en gevolgen.

In de Bijbel, die ik in mijn jeugd las en die vol stond met geheimzinnigheden, las ik dat er een tweede dood bestond en ik was bang voor dit geheimenis en ik vroeg de dominee destijds wat dit betekende. De dominee wist zich geen raad met mijn vreemde vraag.

Wellicht wist deze goede man niet dat de tweede dood zou kunnen bestaan en wat deze inhield.

Ik weet nu dat de tweede dood, de dood van de Ziel is, en de angstaanjagende essentie van mijn laatste strijd was dan ook dat mijn Ziel bijna verloren ging door eigen toedoen.

De laatste strijd was een strijd om mijn Ziel en de gebeurtenissen die ik vanaf nu beschrijf zijn niet voor de poes.

Ik zat kort gezegd diep in de shit.

Niet veel zielen kunnen zeggen dat zij gevochten hebben voor hun behoud.

Immers, indien het lichaam sterft, gaat de Ziel verder.

Voor een Titanische kracht die ik belichaamde gelden andere regels.

Ik heb veel kapot kunnen maken in dimensies waarmee ik in aanraking kwam en het gehele Universum en al de krachten van het licht en van de duisternis hebben mij gevolgd in mijn strijd om, indien het uit de hand zou lopen, mijn Ziel te beëindigen en te deleten.

Dat zou dan de tweede dood zijn die mij tot niets zou terug brengen.

Dit was een allerlaatste wanhoopsdaad die het Universum en haar krachten mij zou aandoen.

Dit was de Ultieme wanhoopsdaad die heel zelden wordt uitgevoerd door de krachten van het Universum.

Alleen persoonlijkheden die onmenselijke krachten kennen en deze niet in de hand hebben en immense schade zouden kunnen aanrichten wordt zulk een daad aangedaan.

De ganse schepping hield haar adem in en alles en iedereen stond op scherp. Er kon veel mis gaan met mij en door mij.

Het begon allemaal met een scene van mij en mijn geliefde vriendin in een auto.

Mijn vriendin keek mij aan en zei tegen mij:

Ga je hiermee door, met deze zwarte magie, ja of nee?

Ik keek in haar ogen die niet meer haar eigen waren, maar poelen van duisternis.

Zo duister dat ik meteen *nee* zei en met mijn hoofd tegelijkertijd heftig *nee* schudde.

Mijn vriendin was op dat ogenblik de belichaming van een entiteit genaamd:

De levende spiegel.

Eentje die ik ooit zelf had gecreëerd als een fictieve rol in een website die van mijn hand was.

Deze wonderlijke creatie leefde door mijn vriendin heen en ik moest beslissen. Ik wist dat ik verloren zou zijn indien ik had besloten door te gaan met deze zwarte perversie waarin ik leefde en ademde.

We gingen naar mijn ouderlijke huis en we vertelden over de dingen waar ik mij mee bezighield en die in mij waren.

Samen besloten wij er iets aan te gaan doen.

Ik had mezelf ooit in een bepaalde tijd na mijn wedergeboorte in 2002 geopend voor het gebruiken van een weinig zwarte magie, edoch ook dit had blijkbaar zo zijn gevolgen.

Mijn innerlijk was dus bevuild.

Deze smetten moesten gereinigd worden.

Mijn tijd was gekomen om af te rekenen met deze zwarte perversie. Het was tijd voor confrontatie en voor angstaanjagende openbaringen c.q. fictionele feiten.

Het meest angstige moment welk ik kende, was dat ik een boek naast mijn bed had liggen van de schrijver *Neil Gaiman*.

Een boek met de titel:

Alles is breekbaar.

Ik voelde mijn hart breken toen ik deze titel las en de boodschap tot mij doordrong wat dit voor mij betekende en wat de essentie was van deze titel.

Ik wist dat ik de olifant in de porseleinkast was, omdat mijn Titanische krachten besmet waren door zwarte magie.

De essentie was dan ook dat alles in God's schepping breekbaar is en dat ook de Ziel breekbaar is, zelfs de Ziel!

Dit was de meest vreeswekkende openbaring die ik ooit had doorgekregen en ik lag zeker in de gevarenzone, evenals andere zielen met mij. Dit wist ik. Dit voelde ik. Het kon niet anders zijn.

Alles kan kapot en ik had een visioen van hoe fragiel en breekbaar God's schepping eigenlijk in elkaar stak. Zo had ik het nog nooit gezien.

Een confronterende en afgrijselijke wetenschap maakte zich meester van mij.

Terwijl mijn moeder beneden een mooi christelijk lied op de orgel begon te spelen, huilde ik.

Ik weende om mezelf en het gevaar dat ik belichaamde.

Ik huilde om de schepping die kapot dreigde te gaan door mijn toedoen en om de zwarte bevlekking van mijn Titanische Ziel.

Ik huilde om mijn lieve Moeder die speelde op het orgel.

De tonen van het christelijke lied troostten mij en ik sluimerde voor even.

Ik sliep die nacht niet.

De wetenschap en de vreselijke fictionele feiten en alles wat mij
raakte, hielden mij uit mijn slaap.

Gelegen in mijn bed, met mijn lichtje aan, kreeg ik contact met
een kleine entiteit, boven mijn bed.

Ik voelde dat ik moest wijzen naar de kleine kruisspin die boven
mijn bed in de hoek van de kamer zat.

Ik wees met mijn vinger naar dit beestje en mijn innerlijke stem
werd overgenomen door het wezen van dit diertje.

Hij sprak tot mij met mijn eigen stem.

De spin legde mij uit dat ik geperverteerd was door zwarte magie,
die een dodelijke ziekte kan zijn voor de Ziel en mijn Zielenheil. De
spin vertelde dat hij om mijn lot moest huilen. Zo begaan was hij met
mijn noodlot.

Vol verwondering luisterde ik naar mijn eigen stem die door de
spin gecontroleerd werd en met welke hij kon spreken.

Hij zei dat dit mijn enige kans was op verlossing.

Hij sprak in confronterende woorden en hij zei dat ik des
ochtends om acht uur wakker moest worden en mijn verzameling van
heiligdommetjes met beelden en voorwerpen en mijn verzameling
heilige boeken moest opruimen in verhuisdozen en deze met hulp van
mijn moeder moest veilig stellen in de schuur.

Dit alles moest ik doen om de smetten van de zwarte magie in
mijn leven te reinigen. Ik moest mijn troep opruimen en ik stond op
toen de wekker ging en ik vroeg mijn moeder of ze mee wilde helpen.

Ik begon met het inpakken van vele boeken en beeldjes en voorwerpen die mij stoorden in mijn wezen en zo wilde het dat ik gespannen momenten doorleefde en samen met moeder alles opruimde wat in mijn leven stoorzender was en bron van besmetting.

De boeken verdwenen in dozen en de dozen verdwenen in de schuur, waar mijn lieve moeder verder voor zou zorgen. Mijn taak was gedaan voor even, voor nu.

In een geheel ander moment lag ik de ganse nacht wakker op mijn bed en riep ik de hele nacht constant de Goddelijke drie-eenheid aan om mijn plannen en openbaringen en inzichten aangaande de schepping en haar disbalansen, die ik duidelijk zag, aan hen over te brengen.

Ik had de hele nacht contact en samen met hen en vele andere invloeden en entiteiten schiep ik een dimensie van volledige duisternis alwaar duistere zielen in harmonie en vanuit hun kracht en authenticiteit konden gaan leven.

Zo bracht ik uiteindelijk de Mythische slang Leviathan en zijn verloren zielenmaatje Satan, jawel, de Satan, samen, omdat zij een verloren tweelingziel waren en door hen samen te brengen in een speciaal universum zonder licht en zonder lichtinvloeden, konden zij eindelijk in harmonie leven en existeren.

Dit was die nacht mijn grote werk dat ik samen met allerlei andere invloeden en krachten mocht volbrengen.

Tegen de ochtend ging mijn wekker en ik wist dat mijn werk volbracht was.

Tegen de ochtend gingen mijn moeder en ik naar het Leger des Heils, alwaar ik wederom voor een beproeving kwam te staan.

Dit is echter een ander moment, dat los stond van wat ik des nachts had beleefd en gedaan.

In een vergevorderd stadium van mijn strijd splitste ik mij op in vier entiteiten, incarnaties van mijzelf, die intens samenwerkten om zichzelf en de wereld te kunnen redden en de andere wezens met wie ik in aanraking was gekomen.

Deze gerealiseerde persoonlijkheden werkten in een uitzonderlijke harmonie samen om doelen te volbrengen en taken uit te voeren.

Zo, na lange tijd verdwenen te zijn geweest, werd ik wederom:

De Dappere Dodo.

Een wezen dat ik in 2009 had leren kennen en dat terug was van weg geweest om samen met andere wezens mij te redden evenals werelden en entiteiten.

De Dappere Dodo was en is een geniaal, praktisch wezen dat in een mum van tijd voor volledige chaotische structuren kon zorgen. Binnen deze structuren werd hij onnavolgbaar en daardoor onzichtbaar en ondoorzichtig in zijn handelen en in zijn vreemde, chaotische en onsamenhangende uitingen.

Ik was De Dappere Dodo en de Dappere Dodo was mij.

Ten tweede was ik een menselijke vlinder, een koolwitje, die een meester was in het verbinden van mij met de natuur en natuurlijke wezens en entiteiten.

Ten derde was ik een menselijke ontvanger en zender, genaamd
Samsung Galaxy.

Deze entiteit maakte het mij mogelijk om via telepathie te
communiceren en contact te leggen met anderen.

Ten leste male was ik Leeuwenhart, JH Leeuwenhart.

Een leeuwachtige entiteit die een onbegrensde en ondoorgrondelijke intelligentie was en is en alles vanuit zijn intuïtie onderzocht, en hij was een alwetend wezen dat de acties van de andere drie entiteiten van opbouwende kritiek voorzag, en hij was het die schreef en tekende en modellen maakte van alles wat er gebeurde in die tijd.

Zo was ik vier entiteiten die organisch samenwerkten om alles tot een goed einde te brengen.

Wat er verder allemaal gebeurde, is te veel om op te noemen.

Ik zat in ieder geval in een Flow die lang duurde.

Weet dat ik mezelf en anderen gered heb en ik heb mijn zielenleven en mijn zielenheil mogen bestendigen en ik ontmoette verloren zielen die ik mocht vinden alsook de meest wonderlijke entiteiten die contact met mij zochten.

Het is allemaal te veel.

Wat ik al eerder zei, ik leef niet volgens de wetten van de klok, maaksel van mensen.

Mijn minuten bevatten oneindigheden en tijdloze momenten.

Zo verloor ik mezelf in eeuwigheden totdat mijn strijd ten einde liep.

Voorbij alles wat is

Als alles gebeurd is, als je hele levensverhaal vervuld is en verteld en de eindbestemming is bereikt, ja, wat schiet er dan nog over? Wat rest dan?

In dit leven nog heb ik alles bereikt wat er te bereiken viel.

In dit leven ben ik geïncarneerd en in dit leven ben ik vervuld en mijn bestemming is bereikt.

Dit alles binnen dit leven of in meerdere levens die elkander opvolgden of in elkander overgingen.

Dat ik op een wonderlijke manier heb gereisd tot in de dimensies van wat wij de Hemelse Gewesten noemen, dat heeft mij de das om gedaan.

Ik heb het blijkbaar overleefd en toch voel ik dat ik veel heb achtergelaten.

Veel van wat en wie ik was.

Gestorven en getransformeerd, opnieuw gegroeid binnen tijdloze momenten, door onnoembare zijnstoestanden en multidimensionale verwikkelingen.

Ik zie mezelf nog zitten in een dimensie die ik *Sheoll* noemde en *Hades*, de onderwereld, alwaar deze Titaan eindelijk mocht uitrusten van de onmenselijke strijd die gestreden is en voltooid.

Ik had het allemaal overleefd en ik was geslaagd.

Ik had gewonnen.

Niet dat ik deze strijd in mijn eentje had gestreden, nee, verre van dat, samen met andere Avatars heb ik mogen samenwerken.

Samen sta je veel sterker dan alleen.

En toch is de overwinning die ik mocht smaken zeker te danken aan de intense, organische samenwerking van mij met mijn wonderlijke ofwel Goddelijke persoonlijkheden die ik mocht belichamen en zijn.

Persoonlijkheden die los van mij staan, van wie ik was en ben en zal zijn.

Wat nu als het hiernumaals het hiernamaals wordt?

Wat nu als een verhaal geëindigd is, geldt het cliché dan ook dat een einde ook een nieuw begin bevat?

Wat mij betreft, en in mijn Realiteitsbeleving, is het einde verhaal, en een nieuw begin was niet aan de orde.

Dus wat nu?

Zo aan het einde van een goed verhaal is de tijd aangebroken en om zonder verhaal verder te gaan en te bestaan zijnde een daadwerkelijke Bhagavan.

Het is een leegte waar je in terechtkomt en toch is er een geluksgevoel dat je het hebt volbracht, dat het uiteindelijk is gelukt.

U mag wel weten dat ik maanden na de gebeurtenissen niet heb kunnen lachen en grapjes kunnen maken.

Het was te erg wat er gebeurd is en te serieus.

Daadwerkelijk te worden die ik beweerde dat ik was, een Realiteit Reiziger.

Mijn hoge pretenties waar te maken, dat is mijn strijd ook geweest.

Ik ben door deze strijd heen officieel Bhagavan geworden en de Metafysische Titel mag ik dragen van mezelf en van anderen.

Ik heb gedaan wat moest worden gedaan.

U mag weten dat dit de beste tijd van mijn hele leven is geweest.

Te leven vanuit heroïek en epiek en dat in een kleine setting.

Op de toppen van mijn kunnen.

Alles te geven wat ik te geven had en nog veel meer.

Daar draait het om in het einde der tijden dat ik ervaren mocht met anderen die er ook betrokken bij waren.

Het einde te ervaren van alles wat is.

Dat is het en er is niets anders meer dan dat.

Alleen beproeving op beproeving op beproeving.

En dan is er vrede en rust en er is niets meer wat strijd is noch bloed dat stroomt en gaat waar het niet gaan kan.

Voorbij het einde is er alleen nog het wezen dat in ruste is.

Er is rust en kalmte en bevrediging en vervulling.

Dat is er aan het einde van alles.

Voorbij dat wat is en niet is.

Mijn levens zijn voorbijgegaan.

Voorbij het einde rest niets anders dan dit verhaal op te schrijven en de Waarheid aangaande het leven te tonen in zijn volle ornaat.

Om dit bewustzijn met jou te delen, jij lieve lezer van dit werk.

Ourobouros

Doordat ik heb meegemaakt wat ik heb meegemaakt, doorgrond ik existentiële c.q. Metafysische processen en ontrafel ik de geheimen van hogere fenomenen en verschijnselen die er toe doen.

Ik zie het allemaal voor mijn geestesoog (derde oog) en door de gave van de Kosmische Verbeeldingskracht, doorgrond ik het en eventueel schep ik het of realiseer ik datgene wat ik mag zien.

Door scheppingskracht wordt een visioen of een droom werkelijkheid.

Anno 2016 zag ik duidelijk dat ik in een helse loop gevangen zat, een Ourobouros genaamd, een die zich vertoonde als een vicieuze cirkel die een situatie eindeloos in stand houdt, zonder aanziens des persoons of ongeacht de gebeurtenis, hels of hemels of Aards, of behorende tot welke dimensie dan ook.

Een Ourobouros is in essentie een Goddelijk, hoger verschijnsel, dat rondom jouw of mijn levensloop wordt geplaatst, somtijds in specifieke gebeurtenissen of momenten.

Voor een onbepaalde tijd in dat jaar mocht ik een Goddelijke techneut zijn die zowel inzichten en kennis als openbaringen had die een specifieke dimensie konden creëren, tezamen met andere invloedssferen en in samenwerking met de hoogste Goddelijke Triniteit/drie-eenheid.

Zo werd ik tot een Metafysische professor.

Ik kreeg een bepaald soort kennis, en daardoor autoriteit, zodat van hogerhand in mij geloofd en naar mij geluisterd werd, en ik mocht alle krachten die samenkwamen coördineren, waardoor zij met mij konden creëren, in volle harmonie.

Ik kreeg veel visualiseringen en inzichten en deze realiseerde ik alle ter plekke.

Met behulp van mijn hogere aspecten creëerde ik een dimensie en ik recreëerde de Heilige en Sacrale Hiërarchie opnieuw met mijn kennis en inzichten.

Wat ik gedaan heb, is te vergelijken met wat Jezus Christus in essentie heeft gedaan in weer een andere dimensie en in een ander universum.

Ik noemde hem dan ook mijn Grote Broer, en ik was zijn kleine broer.

Jezus Christus was en is in mijn ogen een grote Titaan en ik een kleine.

Was ik twee officiële menselijke maanden bezig met mijn werken, hij was bijna binnen drie dagen klaar met zijn grote werken.

Zijn werk bestond uit het afdalen in helse regionen, het verlossen van zielen hieruit, en uit het scheppen en herscheppen van de Goddelijke Hiërarchie.

Ook stonden de Titanische krachten van de Christus aan de bakermat van onze matrixen, zo heb ik dat gezien.

De Christus heeft waarschijnlijk de vertrouwde vormen en gedaanten van de matrixen geschapen uit het niets.

Het niets is de ruwe chaos.

Een toestand zonder zijn en zonder aanschijn.

Wat ik zag, was dat de Christus afdaalde in de grenzeloze en vormeloze chaos en daar de vormen en gedaanten en essenties van de Matrixen heeft gezien, gerealiseerd en geschapen.

De scheppingskracht van de Christus kent geen grenzen.

De Goddelijke Hiërarchie bestond al en heeft altijd al bestaan,
edoch de Matrixen waarin menselijke zielen kunnen gedijen,
bestonden nog niet.

Demonen en engelen en ontelbare andere entiteiten hadden zo
hun oorspronkelijke dimensies en allen leefden al in een dimensie,
alleen de menselijke conditie was niet, zij had nog geen plek in de
orde der dingen.

Binnen de ruwe toestand van chaos was geen menselijk leven
mogelijk!

Mensen hebben zintuigen, vormen, innerlijke en uiterlijke gedaanten, mensen zijn fijnbesnaard en fijnzinnig van wezen en van aard.

De eerste mensheid echter die werd geschapen was niet fijnbesnaard en had geen ziel en zaligheid.

Deze mensheid at elkaar uit liefde en genegenheid op.

Men verzwolg elkaar en uiteindelijk ook zichzelf.

De ziel en zaligheid was nog niet gecreëerd en geldig.

Pas toen de Matrixen verfijnder werden, deed de zielrijke mens zijn intrede in de schepping.

De tweede mensheid heeft dan ook geest, ziel en lichaam in plaats van alleen maar een lichaam.

De eerste mensheid bestond uit golems en de tweede mensheid kreeg een ziel ingeblazen en de zaligheid alsook de verfijndheid van zinnen die bij een ziel horen.

Simpelweg gezegd, voor de zondvloed was er de eerste mensheid en na de zondvloed die alles moest reinigen met water, was er de tweede mensheid, die kon voelen, denken, ervaren en groeien en evolueren, etc.

De eerste mens kon alleen maar verorberen. Het geheim van de schepping van de ziel was nog niet bekend bij de Goddelijke Bron.

De ziel en de zaligheid moesten nog worden uitgevonden c.q. geschapen.

De Goddelijke Hiërarchie zag dan ook in dat er een andere menselijke conditie moest komen in plaats van de oude mensheid, die verre leek op de mensheid die nu is.

Het bijzondere is, dat een hedendaagse psychopathische kannibalistische verschijning in zijn wezen teruggaat naar een tijd en een Realiteit ver voorafgaand aan de tweede mensheid.

Psychopaten verorberen hun geliefdes. Daar begint het vaak mee. De liefde van zulk een psychopaat gaat door de maag, net als bij de mensheid zoals het voorheen was.

Wij, als mensen met een zielsnatuur, zijn geschokt indien wij een psychopaat ontdekken en wij begrijpen niet wat dit wezen voor een plek heeft in de Sacrale schepping van het bestaan.

Wij begrijpen niet en wij willen niet (in) zien.

Wij zijn geschokt, omdat wij wel een ziel hebben en een fijnbesnaardheid, die een psychopaat juist in zich mist.

Jezus Christus vormde de ruwe chaos om tot Matrixen, waarin een menselijke Ziel kan leven en overleven, en waarin deze kan en mag scheppen en herscheppen.

De Christus wandelde met zijn ogen dicht, in contact staande met zijn geestesblik, en zag, en realiseerde wat hij zag.

Zijn visioenen werden Waarheid.

De ruwe chaos werd tot een menselijke orde of tot een omgeving waar deze menselijke orde mogelijk zou zijn.

Een orde die wij, als scheppende menselijke zielen, mogen re-manifesteren en herscheppen, naar het beeld dat wij voor ogen hebben.

Een mens kan niet en nooit bestaan in de Realiteit van ruwe chaos.

De mens kan wel leven in chaotische structuren, maar dit is al voorbewerkt en geordend, zodat de mens veilig kan scheppen en herscheppen.

Zodat hij nieuwe werelden en dimensies mag creëren binnen de gegeven geordende chaos.

Wij kennen geen ruwe chaos.

Ruwe chaos zou ons vernietigen en tot niets doen zijn.

Wij zouden tot chaos worden.

Wij hebben nimmer met ruwe chaos van doen, ook al zijn wij met chaos bezig.

Ook al denken wij dat wij chaos-magiërs zijn, dan nog.

Wij kennen alleen de bewerkte vorm van chaos.

Alleen een grootse, onmenselijke en Titanische kracht kan de ruwe chaos overwinnen en omvormen.

En er is in de geschiedenis maar een geweest die dat kon.

We kennen zijn namen wel.

Ik noem hem

Grote Broer.

Het fijnbesnaarde van de zielsmens is overal in terug te vinden.

Een echo van de eerste mens is slechts zelden te vinden, maar in het bestaan van de psychopaat is deze te zien en te doorgronden, en wederom beleefbaar.

Wat de eerste mens ervoer en deed, is als een duistere nachtmerrie voor de tweede mens die zielsmens is en niet anders kan zijn dan dat.

Fictioneel feit is dat de eerste mens geen innerlijk leven kende, geen toegang had tot dromen en visioenen en hogere leiding.

Zij was letterlijk van God los.

In hun dimensie vraten zij elkaar op, zij verzwolgen elkaar uit liefde en genegenheid.

Dit was het eerste Goddelijke experiment om de menselijke conditie te scheppen.

De tweede mensheid zou volmaakt genoemd worden en zij droeg de Goddelijke Vonk in zich.

Het vuur van Prometheus, het vuur van uitstorting van de Heilige Geest.

De wetenschap van al deze dingen heb ik in mij, draag ik in mij mede en ik schrijf erover.

Het delen van mijn kennen vormt de Sacrale drijfveren van mijn creëren in deze Realiteit.

De eerste mensheid kende geen Heiligheid of ontwikkeling van aspecten van een Hoger Wezen.

De tweede mensheid is perfect geschapen met hier en daar overgebleven oerherinneringen van de eerste mensheid die bezit kunnen nemen van een zielsmens, zodat deze verwordt tot een zielloze golem die gedrag vertoont van de eerste mensheid, die geen mensheid was zoals wij die kennen en willen kennen!

Het fragiele en breekbare van een tedere mensenziel had dus nog geen plaats en ruimte in de existentie van de eerste mensheid, die de eerste menselijke conditie representeerde.

Weet dan, dat de schepping van alle menselijke matrixen een fragiele schepping is en dat deze boven alles, van hogerhand beschermd moet worden tegen krachten die naar ruwe chaos neigen.

Dit is dan ook het kwaad waar wij allen beducht op moeten zijn.

De schepping mag niet aangetast worden of op ernstige wijze beïnvloed.

Alles wat de schepping kan en zal aantasten, wordt gedelete ofwel uit het bestaan gewist. Dit is niet anders.

Er staat veel, heel veel op het spel.

Maar goed dat u, zijnde een eenvoudige ziel, hier niet wakker van hoeft te liggen.

Er zijn anderen die deze verantwoordelijkheid wel kennen en voor uw veiligheid wordt gezorgd.

Alles is nu beveiligd, kan ik wel zeggen.

Ik weet nu uit eigen ervaring wat het is om een gevaar te zijn voor alles wat is.

Dat nooit weer.

De schepping is fragiel, ik herhaal dit voor de zekerheid.

Houd dit in uw hoofd en handel ernaar.

Eer uw leven en bestaan en eer anderen die bestaan.

Heb de schepping lief, in plaats van deze te bezoedelen met destructieve krachten ofwel zwarte magie, die onteert en verkracht wat heilig is en waardig en vol schoonheid, edoch die uiterst breekbaar is.

De schepping is dan ook een weergaloos en prachtig kunstwerk, maar ze is gemaakt van materiaal dat zo fragiel en dun is als filigraan papier.

Denk daaraan!

Geborgen

Ik heb mij gegeven aan de krachten van de schepping en van het Licht, van de Waarheid en van de goedheid en van de schoonheid.

Ik geef mijzelf dagelijks weer terug aan de Bron waar ik uit voortkom en waaruit deze Realiteiten voortkomen.

Deze liefdevolle Realiteiten vol pracht en glorie.

Ik wil graag dat zij altijd blijven bestaan.

Daarom geef ik mijzelf aan het Licht en andere Hemelse krachten die ook willen dat alles blijft bestaan.

We zijn van verre gekomen en het scheppingswerk van Jezus Christus mag nimmer verloren gaan.

Iedere Titanische kracht moet uiteindelijk een keuze maken hierin, een keuze geboren uit vrijheid.

Ik weet dat er intrinsieke innerlijke vrijheid is om keuzes te maken voor de schepping of tegen de schepping.

Kennis en macht en kracht scheppen verantwoordelijkheden, grote verantwoordelijkheden.

Let wel.

Met ons hele wezen en zijn moeten wij bewaken datgene wat ons gegeven is en wat door menselijke alsook onmenselijke krachten is bereikt.

En wellicht ligt het gevaar vaker op de loer, het gevaar om een gevaar te belichamen voor de werelden en de dimensies.

Onze keuzes zijn niet altijd gebaseerd op wijsheid en dat is het grootste gevaar wat er kan zijn.

Dat wij vanuit onbenullige naïviteit ons inlaten met invloeden die verderfelijk en gevaarlijk zijn voor onszelf en onze naasten en geliefden.

Gelukkig zijn er existentiële buffers indien er een gevaarlijke situatie plaatsvindt die de schepping als geheel kan aantasten.

Indien een dergelijke situatie zich plaatsvindt, om wat voor reden dan ook, zal deze gebeurtenis ogenblikkelijk middelpunt zijn voor alle aandacht van alle dimensies en werelden en sferen.

De duistere alsook lichte dimensies, de hemelse alsook de helse en de Aardse en de onmenselijke en zelfs de fictieve werelden zullen deze gebeurtenis volgen.

Niets gaat ongemerkt aan alles en iedereen voorbij.

Alles wordt gezien, en indien er gevaar dreigt, zal deze dreiging geheel omgeven worden door iedereen en alles wat is en wat niet is.

Op zulk een moment werken alle sferen samen om de dreiging tot een goed einde te brengen.

Het is daarom de grootste kunst om de immense dreiging tot een grote zegen te transformeren en het goede en het ware en het schone te doen zegevieren.

Het lijkt een mooi sprookje, een spannende mythe, maar het is een kwestie van leven en dood.

De ganse schepping is alert en is present op het punt waar de dreiging zich voordoet.

In mijn persoonlijke geval was ik, zodra ik de onmenselijke krachten die ik in mij had en deze begon te tonen, tot een dimensiebom getransformeerd.

Niet dat ik er trots op ben, nee, geheel niet.

Het is niet goed en mooi om een dreiging te zijn voor al wat is en wat niet is. Het ganse bestaan dus.

Sinds deze dreiging oploste en ik eindelijk kon rusten, omdat ik de strijd had gestreden en de schepping met mij, heb ik mijn leven voortdurend gewijd om de krachten van de schepping en van het licht te helpen, waar ik kon.

Om me te wijden aan het versterken van alles wat is en wat niet is.

Om de schepping te bewaken en voortdurend positieve energie te geven aan alles om me heen en in mij, zodat het altijd veilig mag zijn en blijven, van eeuwigheid tot eeuwigheid.

Ik ben zo verdrietig geweest om wat ik ben geweest.

Als ik terugdenk daaraan, bevangt me zulk een afgrijzen om wat en wie ik was en wat ik deed en waar ik mijn energie in stak.

Ik ben alles en iedereen dankbaar dat zij mij hebben geholpen en gesteund in de strijd.

Samen hebben wij gewonnen en samen mogen wij weer in vrede leven en zijn.

Ik voel mij verrukt dat het zo mag zijn en niet anders.

Ik voel mij dan ook geborgen in de liefde en het licht die mij omgeven en die mij beschermen tegen onheil en misstappen die ik niet meer wil begaan.

Nooit wil ik nog anders dan u dienen, lieve Ziel in een lieve mensenwereld, in een wereld vol menselijke scheppingen en wat dies meer zij.

Ik wil bij u zijn voor altijd en immer en ik wil versterken wie u bent en wat u bent en waar u bent.

Sinds onze overwinning en ook in de toekomst wil ik bij u zijn en strijden voor het behoud van uw werelden en van uw wezen dat menselijk mag zijn en tegelijkertijd vol Ziel en Zaligheid.

Ik dank u dat u er bent en wilt zijn.

Dat wij de mensheid mogen belichamen en dat er nog vele andere liefdevolle wezens en creaturen mogen zijn die deel uitmaken van onze werelden.

Dat wij mogen vechten voor het goede, het ware en het schone, voor altijd en eeuwig.

Dank u wel voor uw vertrouwen in mij. Ik vertrouw en bouw op u.

Samen mogen wij het vervolmaken.

Samen.

Terugkeer

Ergens in de grote Wereld is een volk dat de waarachtige bewaker is van de droomtijd, de tijd waarin de schepping nog niet gemanifesteerd is, en waarin alles wat echt en waar is nog vloeibaar is en één.

De droomtijd is geweest of is hij nog, of zal hij ooit weer Realiteit zijn?

Het volk van de Aboriginals wacht en wacht, en doet wat zij moet doen hier in deze Realiteit.

Het heeft een taak, als volk en als Zielengroep.

De Aboriginals weten alles af van deze legendarische tijd, die geen tijd is, maar een vloeibare wordingstoestand die was voordat de wereld verwerd tot vaste stof.

En de mensen dromen en slapen en waken en werken en dromen en slapen, etc.

En ergens is een zielengroep die speelt in deze bijzondere werkelijkheid, en die doelen nastreeft en tot bestemmingen komt, binnen deze gedroomde wereld die alle werelden omvat en bevat.

De Aboriginals wachten en bewaken de doorgangen en de ingangen van die tot de droomtijd gaan en voorbij deze.

Ooit als het leven van de Wereld Ziel, die nu nog een kind is, voltooid zal zijn, zou alles en iedereen wederom tot een staat van dromen terug kunnen keren.

Dit zou kunnen.

Een andere ontwikkeling zou kunnen zijn, dat de Wereld Ziel voor eeuwig wandelt en leeft in verschillende werelden of dimensies, dan is er officieel gezien maar één droomtijd en dan komt die niet meer terug, nooit meer.

Dan zit de taak van de Aboriginals er wellicht op.

Zo leven zij en wachten zij op de terugkomst van een tijd die wellicht nooit meer terugkomt.

Een tijd waarin de mens de mens niet was en niets was wat het leek te zijn.

De Aboriginals kijken vol weemoed terug naar die tijd waarin zij thuis waren en de Wereldziel en zijn zielengroep begeleidden in hun zoektocht en in hun schone dromen.

Deze zoektocht is nu voorbij.

De Wereld Ziel alsook zijn zielengroep hebben zo hun vele bestemmingen gevonden in die ene Wereld die gedroomd is en verbonden door een tijd waarin alles vloeibaar was.

Maar de Aboriginals blijven op hun post en wachten tot in de eeuwigheid, indien de Wereld Ziel terugkeert tot het land der dromen en visioenen.

Of dit ooit zal gebeuren?

We zullen het zien en ervaren aan den lijve.

Wie zal het weten.

Wellicht u, want u bent het die in de wereld van deze Wereld Ziel leeft en ademt en existeert.

U bent het en u zult wel zien en ervaren wat het is om terug te keren tot de Bron waaruit u bent.

Wellicht bent u zelf de Wereld Ziel, zonder dit te weten, en bepaalt u de Droom.

Ik wens u toe dat u zult weten wie u bent en wat u bent en waar u staat.

Ga met God.

Een liefdevolle groet

van

Bhagavan

Appendix I

De club van fantasten

Verzonken in een gemanifesteerde Droom,
maak ik onderscheid tussen feit en fictie.
Dit is echt en dat niet.
Dit is waargebeurd en dit is verzonnen.

Verzonken in een gemanifesteerde Droom,
voel ik mij echt en soms voel ik mij gemaakt,
een product van Fantasie en Verbeelding,
Verzinsel en Dromerij.

Een Dromende God die inziet dat mijn bestaan legende is en
Mythe.
Verzonken in de gemanifesteerde Droom van een Hoger Wezen,
dat zichzelf beleeft door mij.
Want ik en jij, wij zijn personae van
de Grote Dromer.
De Dromer die de Wereld droomt met ons erin.

Al Dromende
maak ik onderscheid tussen
feit en fictie.

Edoch, ikzelf ben een droomkarakter,
afkomstig van een ongekend Wezen, dat zich bevindt
buiten tijd en ruimte om.

Ikzelf ben
een levende en ademende Mythe.

Mijn leven wordt ergens
Beschreven
in een Heilig boek,
door entiteiten uit
een andere Dimensie.

Zij zien in mij
iemand
die ik niet niet in mezelf kan zien.

Ik,
die onderscheid maak tussen
feit en fictie.

Een onderscheid
dat niet te maken valt,
want
wij allen komen voort
uit de Bron van Verbeelding
en Dromerij.

Ik heet jou welkom
in de Club van Fantasten,
van Dromers
en van Zwevers.

Ontwaak in de Realiteit die niet hard is
en confronterend,
maar zijdezacht,
als een donsveertje,
dat teder zweeft in de open lucht.

Een Realiteit
die jou erkent, in jouw fantasievolle gedaante
en in jouw enigmatische Wezen.

Welkom
in de Club.

Appendix II

Gesplitst bewustzijn

Bewustzijn is multidimensionaal gesplitst.

Een gespleten persoonlijkheid heeft dan ook niet per se te maken met een traumatisch verleden.

Bewustzijn heeft gewoon van nature de neiging zich te splitsen.

Het is vrij normaal om een meervoudige persoonlijkheid te hebben.

Als voorbeeld van de heiligheid van een meervoudige persoonlijkheid bezie ik de Indiase Goden en Godinnen die allen meervoudige persoonlijkheden bezitten.

En reken maar dat het bewustzijn van Indiase Goden en Godinnen, het bewustzijn dat zich splitst in meerdere persoonlijkheden ofwel incarnaties, vrij is van traumatische invloeden.

Neem nu de Godin Durga die op sommige momenten tranformeert in de Godin Kali en Kali weer in Durga.

En denk aan de allerhoogste Vishnu, die zich in verschillende era's in verschillende incarnaties toont aan de Werelden.

Indiase Goden en Godinnen hebben vaak meerdere gezichten en meerdere armen en handen.

Geloof het of niet, maar het westerse psychologische paradigma van wat een meervoudige persoonlijkheid betekent, is in die zin erg beperkt.

Het beperkt zich tot mensen die traumatisch getekend zijn en tot geestesziekten.

Vanuit het hoogste en meest verreikende perspectief zien we alles anders.

Vanuit een META-standpunt gezien bestaan er geen psychische ziekten.

De geest is niet ziek.

Alleen het lichaam kan ziek zijn. De geest worstelt echter met existentiële problemen c.q. uitdagingen ofwel vraagstukken.

De geest worstelt met zijn existentie en dat zal hij wellicht altijd blijven doen.

Bewustzijn splitst zich als het deze kans krijgt.

In zichzelf kan het meerdere persoonlijkheden voortbrengen.

Buiten zichzelf kan het zich in verschillende werelden/dimensies/Realiteiten vermenigvuldigen c.q. afsplitsen.

Ieder mens heeft wel een paar dubbelgangers.

Dit zijn wezenlijke afsplitsingen van de zogenaamde wortel-persoonlijkheid die zich in een oorspronkelijke dimensie bevindt.

De afsplitsingen wandelen in andere dimensies rond die verbonden zijn met de wortel-persoonlijkheid.

Bewustzijn splitst zich dus af en ze manifesteert zich in vormen en gedaanten.

Jij bent uniek in jouw Realiteit en er bestaan andere Realiteiten met andere afsplitsingen van jou.

Zogenaamde dubbelgangers.

Alle essenties zijn verstoffelijkt.

Alle essenties hebben een vorm en gedaante.

Alles is verstoffelijkt. Ook de ziel heeft een vorm en gedaante.

Zelfs de ziel.

In alle dimensies is de Realiteit verstoffelijkt.

Zelfs in de hemel, in het hiernamaals heeft alles een vorm en gedaante.

In de aardse sferen heeft alles een aards kleed en in de hemelse sferen heeft alles een hemels kleed.

In de hemel heeft alles een uniek samenhangend trillingsniveau en binnen de aardse sferen eveneens.

Ik stel bij deze dat er in de hemelse gewesten zelfs sexualiteit zou kunnen worden beleefd.

Wellicht anders dan in de aardse Realiteiten, maar er is een zekere lichamelijke beleving.

Binnen de hemelse alsook binnen de aardse en wellicht ook binnen de helse dimensies zijn er stoffelijke of fijnstoffelijke verhoudingen, die alleen binnen deze unieke, specifieke dimensies gelden en verder nergens anders.

Helse werelden synchroniseren met elkaar omdat zij wezenlijk
overeenkomen.

Hemelse werelden sychroniseren met elkaar omdat zij wezenlijk
overeenkomen.

Voor de aardse werelden geldt hetzelfde principe.

Gelijkvormige werelden raken elkaar energetisch.

Dante Alligiri schreef over de ringen van de hel en van de hemelse en paradijselijke sferen.

Dit komt overeen met ons begrip van Realiteiten/Dimensies/Werelden/Universa.

Iedere Realiteit is een gesloten cirkel, een bubbel, een zogenaamde Realiteitsbubbel.

De dimensies van de zeven hellen kunnen we omschrijven zijnde een dimensie vol chronische disharmonie.

De wezens in deze sferen lijden, chronisch, zowel lichamelijk als psychisch aan vreselijke martelingen.

De manifestaties in de aardse sferen van de hellen zijn Auswitsch en de Holocaust en ook in andere dimensies zijn manifestaties van vreselijke martelingen.

Ook in het Midden-Oosten zijn er plekken en dimensies die hels zijn. Deze plekken hebben dan ook niets hemels in zich. Vrede heeft in deze dimensie de bijsmaak van geweld, marteling en perversie.

In de helse dimensies is het begrip vrede aangetast en onbegrepen en tot in de Essentie verkracht.

Verwar de helse dimensies echter niet met de dimensies van letterlijke duisternis.

Duistere zielen in duistere dimensies zijn zuiver te noemen.

Zij lijden niet.

Zij zijn wat zij zijn, duistere zielen, in tegenstelling tot lichte zielen, die in de lichte dimensies zijn.

Dit zijn puur lichte of duistere dimensies zonder lijden en pijn.

De helse dimensies zijn vol perversie en disbalans.

Hier gelden andere zijnswetten.

Alles heeft zijn plek en dimensie binnen de volledige Schepping c.q. Creatie.

Duisterlingen alswel lichtwezens kennen hun unieke plek en dimensie.

Indien de schepping zelf beweegt naar volledige disharmonie, dan wordt een Avataras geboren, afkomstig van de allerhoogste Heer des Heren, die de balans komt herstellen.

De balans van de dimensies.

Appendix III

De toekomst van de psychiatrie

Een Utopie?

De volgende onderwerpen komen aan de orde binnen deze tekst:

Wat goed gaat binnen de psychiatrie.

Wat beter kan binnen het instituut van de psychiatrie.

Wat anders kan.

Geloofwaardigheid van de psychiatrische diagnostiek.

Sociale invloed van de psychiatrie en diagnostiek.

De essentie van hulp en ondersteuning.

De essentie van psychiatrie en psychiatrische hulp en
dienstverlening.

De essentie van stigma en haar (echte) oorsprong.

Voorspelling van de toekomst van de psychiatrie als instituut.

Om meteen met de deur in huis te vallen, moet ik het volgende kwijt:

De strijd tegen het stigma dat veroorzaakt wordt door de diagnoses van psychiaters en hun psychiatrische autoriteit moet niet maatschappelijk worden gestreden en bestreden, maar binnen het instituut zelve.

De strijd tegen het monster dat stigma heet, moet binnenkamers worden erkend en opgelost. Niet op een maatschappelijk niveau!

De psychiatrie als instituut moet zichzelf in de spiegel durven zien.

En indien zij dit durft, dan zal zij zichzelf kunnen hervormen en tot in de essentie veranderen.

De maatschappij hoeft hierin niet te veranderen.

De psychiatrie moet veranderen tot in haar essentie.

Wat is nu de ware essentie van de psychiatrie die tegen zichzelf inwerkt?

De essentie die haar ongeloofwaardig maakt als instituut en zelfs relatief gevaarlijk en schadelijk?

De essentie van de psychiatrie is dat de geesten van mensen ziek kunnen zijn.

Je hebt een geestesziekte en je kunt daarvan genezen met behulp van therapie en pillen of je kunt niet genezen worden en je bent chronisch geestesziek.

De macht en invloed van de psychiater is dat hij met behulp van de leer van de psychiatrie mensen kan diagnosticeren zijnde geesteszieken.

De psychiatrie zelf is veroorzaker van de creatie van labels en diagnoses van geestesziekten.

De maatschappij is dus hierin niet het probleem, de psychiatrie zelf creëert problemen.

De zogenaamde strijd tegen stigma moet derhalve in de psychiatrie zelf uitgevochten worden.

Verpleegkundigen en psychiaters en andere betrokkenen moeten tot nieuwe inzichten komen, indien dit mogelijk wordt gemaakt. De psychiatrie mag zichzelf hervormen als dit nodig is.

Maar hiervoor moet zij in de spiegel kijken, een betere wereld begint bij jezelf, nietwaar?

Binnen de vertrouwde gelederen van het instituut moet een intens gevecht (debat/discussie) worden gevoerd tussen de betrokkenen over de vraag wat de psychiatrie mag en wat zij niet mag doen om de mens ten dienste te zijn.

Dit is de essentiële vraag die gesteld moet worden: wat zijn de mogelijkheden van het instituut en wat zijn de begrenzingen waarbinnen het mag functioneren?

Nagedacht dient te worden over de essentie van het bestaan van de psychiatrie.

Wellicht moet de functieomschrijving van de psychiatrie geherdefinieerd worden.

Als dat nodig is, is dat nodig.

Voor mij staat het volgende vast:

De psychiater zelf brengt diagnosticerend stigma's voort waarin de maatschappij gelooft en wier geloof door niemand in twijfel wordt getrokken.

De psychiater zelf moet in de spiegel kijken en zich bewust worden van zijn/haar kracht en zwakte.

De psychiatrie moet zichzelf en haar essentie onder ogen komen en hierdoor desnoods zichzelf herdefiniëren.

De psychiatrie moet leren openstaan voor kritiek en zelfkritiek om haar paradigma te verbeteren of, indien nodig, zelfs af te leggen.

Ze moet dus durven openstaan voor mogelijke veranderingen!

Enkele belangrijke vragen die de psychiatrie zichzelf
moet stellen zijn:

Hebben mensen geestesziekten?

Zo ja, vallen die eigenlijk wel te diagnosticeren?

Indien zij te diagnosticeren zijn, dan gaan we gewoon op
de oude voet verder.

Zo niet, dan moeten we essenties van de missie en functie
van de psychiatrie volledig herdefiniëren en hervormen.

Hebben mensen last van wanen en van hallucinaties of
zien zij dingen die er echt zijn?

Wie bepaalt wat waarheid is en wat waan?

Willen wij in de spiegel kijken en naar kritiek leren
luisteren om te kunnen veranderen indien mogelijk en indien
nodig?

Zijn er andere mogelijkheden om mensen te helpen in
plaats van het diagnosticeren ofwel het opplakken van
etiketten met geestesziekten?

Is het diagnosticeren van mensen mensonterend of doet
het de mens eer aan?

Is het ethisch verantwoord om mensen te diagnosticeren?

Willen wij het paradigma van de hedendaagse psychiatrie
in het licht stellen en bevragen?

Mag er discussie zijn binnen de interne gelederen c.q.
onder de werknemers van dit instituut?

Indien geconcludeerd wordt dat het diagnosticeren van mensen met geestesziekten mensonterend is, zullen de betrokkenen van de psychiatrie gezamenlijk rond de tafel moeten gaan zitten om dit te veranderen.

Willen wij veranderen?

Willen wij, zijnde psychiaters en verpleegkundigen en betrokkenen, de verantwoordelijken binnen de psychiatrie, uiteindelijk op de bres staan voor mogelijke hervormingen binnen de psychiatrie?

Zullen wij in onszelf schouwen of zullen wij de interne conflicten en vraagstukken op de maatschappij afschuiven, omdat we denken dat het een maatschappelijk probleem is?

Durven wij te stellen dat voornoemde conflicten en vraagstukken in plaats van binnen de maatschappij juist intern opgelost dienen te worden?

Durven psychiaters en verpleegkundigen verantwoordelijkheid op zich te nemen voor de leer en de praktijk van de psychiatrie?

En indien duidelijk wordt dat de leer en de praktijk niet meer geldig zijn, zullen zowel psychiaters als verpleegkundigen dan niet tot de conclusie komen dat deze hervormd c.q. geherdefinieerd dienen te worden?

De tijd van veranderingen is daar.

De tijd om de zin en het nut van dit instituut te bevragen is daar.

De angst voor de crisis die op de loer ligt indien de psychiatrie niet meer geldig is, is de angst voor het verlies van banen, vele banen.

Deze angst moet onder ogen worden gezien.

Waar moet het naar toe als de geldigheid van de psychiatrie niet meer voldoet?

Wat moeten we dan beginnen?

En heeft de psychiatrie nog wel een zinvolle functie in de moderne maatschappij.

In een tijd waarin mensen wakker worden en ontdekken dat er meer is tussen hemel en aarde.

De tijd waarin wederom de wereld betoverd zal worden vanuit een spiritueel proces dat al gaande is.

Een wereld waarin de mens als ziel en zaligheid wordt gezien en erkend, is er dan nog wel plaats voor een instituut dat mensen diagnosticeert zijnde geesteziek?

Is er nog plek voor zulk een praktijk en leer?

Dit is de tijd waarin mensen stemmen horen en visioenen zien en openbaringen ontvangen.

Fenomenen die geen kenmerk van een ziekte zijn, maar van een intense verbinding met het hemelse, het goddelijke.

Dit is de nieuwste tijd zoals ik deze tijd mag noemen.

Wie gelooft er nog in de leer en in de praktijk van de psychiatrie?

De [1]interne psychiatrie is uiterst bang dat het kaartenhuis zal vallen.

Dat het volledig in elkaar zal donderen.

Zij verschuilt zich nog achter legale interne onderzoeken naar de behandeling of genezing van geestesziekten.

Signalen als het horen van stemmen of zien van visioenen en het doorkrijgen van openbaringen zijn in de psychiatrie tekenen van geestesziekte en geestelijke afwijking.

In de rest van de wereld zijn het tekenen van verbindingen met de zielswerkelijkheid.

Alleen de psychiatrie ontkent in haar leer en praktijk de spirituele werkelijkheid.

Zij ziet alleen maar geestesziekten.

---

[1] Interne Psychiatrie = de verantwoordelijken binnen dit instituut

De stelling die ik hiermede naar voren breng is deze:

De interne psychiatrie is bang voor hervormingen en
herdefiniëring van haar leer en praktijk.

De angst en onzekerheid die de interne psychiatrie
weerhoudt naar zichzelf te kijken staat elke kans op een
zinvolle ontwikkeling of verandering en herdefiniëring van het
instituut volledig in de weg.

De volgende zaken geven een beeld van de toekomst van de intense samenwerking van de psychiatrie met de farmaceutische industrie:

Een bezoek aan de psychiater kan een levenslange verslaving aan intens werkende medicamenten c.q. drugs tot gevolg hebben.

De essentiële vraag die de ganse psychiatrie zich moet gaan stellen is:

Zijn psychiatrische middelen nuttig of schadelijk voor de mens, zijn geest en zijn functioneren?

Indien de conclusies van dit zelfonderzoek daadwerkelijk negatief zijn, zal de psychiatrie deze middelen moeten schuwen en moeten stoppen met het verstrekken van medicijnen voor geestesziekten.

Mijn beeld van de toekomstige psychiatrie is als volgt:

De toekomstige psychiatrie zal haar waarheidsparadigma willen veranderen als hier reden toe is.

Indien psychiatrische medicijnen schadelijk blijken te zijn voor de mens en zijn geest, zal de psychiatrie stoppen met het verstrekken van deze paardenmiddelen.

Indien mensen niet geesteziek blijken te zijn, zal de psychiatrie stoppen met het diagnosticeren van mensen met geestesziekten.

De toekomstige psychiatrie zal de gevolgen van haar daden onder ogen zien en willen evolueren of hervormen of herdefiniëren, etc.

De toekomstige psychiater zal zich moeten afstemmen op wat de essentie is van een daadwerkelijk hulpgevende instantie.

De term geestelijke gezondheid zal bevraagd moeten worden.

Gaat het eigenlijk wel om geestelijke gezondheid?

Mijns inziens mag de ganse psychiatrie, indien het niet draait om geesteziekten en het behandelen van geesteziekten en pillen en wat dies meer zij, een geheel andere invulling krijgen.

Als blijkt dat pillen slecht zijn en de geest niet ziek kan zijn, blijft er niets anders over dan de psychiatrie om te vormen tot een andersoortige hulpinstantie.

Wat uiteindelijk overblijft, zijn hulp voor en ondersteuning van mensen in noodgevallen.

De psychiatrie zal van geestelijke gezondheidszorg tot een sociale hulpvoorziening transformeren.

In plaats van pillen en diagnoses te geven, zal zij steun en hulp bieden op het sociale vlak.

Zij zal geen enkel recht meer mogen hebben op het diagnosticeren van geesteziekten, omdat deze niet te diagnosticeren zijn.

In de toekomst zal het begrip geestesziekten verdwijnen alsook de diagnoses en het gebruik van de middelen om geestesziekten te controleren c.q. te genezen.

Het begrip zal achterhaald zijn.

Mensen in de toekomst zullen spreken van schandelijke en primitieve praktijken als zij het over de oude psychiatrie hebben.

Zo aan het einde van alle ontwikkelingen zal de ganse psychiatrie volledig ten gronde gaan, zijnde volstrekt achterhaald.

Uiteindelijk zal rechtvaardigheid zegevieren en waarheid.

Vroeg of laat zal het kaartenhuis instorten, kaart voor kaart voor kaart.

Dan zal de psychiatrie zoals wij deze kennen een zachte dood sterven.

Zij zal gekend worden zijn om wat zij echt is.

Een waanachtige instantie die haar gecreëerde waarheid verspreidde.

De waarheid van de waan.

Een illusie dus.

Het proces van de teloorgang van de psychiatrie is onomkeerbaar.

Het is niet anders.

Gelukkig maar.

www.ingramcontent.com/pod-product-compliance
Lightning Source LLC
Chambersburg PA
CBHW030414100426

42812CB00028B/2954/J